楚河说历史

隋唐宋

楚河 / 著 子鹓坊插画 / 绘

中信出版集团 | 北京

图书在版编目（CIP）数据

楚河说历史．隋唐宋 / 楚河著；子鹓坊插画绘．--
北京：中信出版社，2020.9
ISBN 978-7-5217-1927-7

Ⅰ．①楚… Ⅱ．①楚… ②子… Ⅲ．①中国历史—隋唐时代—青少年读物②中国历史—宋代—青少年读物
Ⅳ．①K209

中国版本图书馆CIP数据核字（2020）第091484号

楚河说历史·隋唐宋

著　　者：楚河
绘　　者：子鹓坊插画
出版发行：中信出版集团股份有限公司
（北京市朝阳区惠新东街甲4号富盛大厦2座　邮编　100029）
承 印 者：天津联城印刷有限公司

开　　本：889mm×1194mm　1/32　　印　　张：5　　字　　数：100千字
版　　次：2020年9月第1版　　印　　次：2020年9月第1次印刷
书　　号：ISBN 978-7-5217-1927-7
定　　价：35.00元

服务热线：400-600-8099
网上订购：zxcbs.tmall.com
投稿邮箱：author@citicpub.com

序

找到属于自己的“宝藏”

你会跳过序言看正文吗？我不会，作为一个爱看书也爱藏书的人，我看书有一个习惯，那就是力争把书中出现的所有文字都看完，包括作者简介、封面设计、插画师、责任编辑，甚至是图书规格等等。每多看一个字，我便感觉对书了解得更多了一些，看到的字越多，了解的东西越多，所以通常我必看序言。

可当我开始动笔的时候，我又犯了难。序言是什么？我想，序言大概就像新朋友之间的自我介绍一样，向别人介绍自己眼中的自己，而给一本书写的“自我介绍”，不就相当于“我以为我写了什么”吗？即使是从我的角度出发介绍这本书，我相信也是不全面的。每个人都有自己的想法，所以我希望，每一个有缘捧起这本书的人，能够像寻宝一样，找到属于自己的“宝藏”。

我能告诉大家的是，这是一本跟历史有关的书。

历史是由人创造的，从古至今发生的所有故事，都是人和人的故事。人很奇妙，有时可以很善变，有时又一成不变。虽然人类利用科技让生活变得更好，可人与人相处的方式却变化不大，我们也许换上了不同的服饰，但我们的行为模式确实和古人的行为模式没有本质的区别。

历史是由人书写的，所以我更愿意以历史人物的视角，去看看他们生活的世界：何为智慧？何为坚守？何为追求？何为气节？何为义气？何为忠诚？何为孝道？何为取舍？在古人的眼中，什么才是最重要的？这也许可以让我们更加真切地认识自我，并且重新审视一下自己身边那些值得珍惜的人和物。

构思每一个人物的时候，我都努力把自己想象成那个人。在创作的过程中，我努力寻找人物情感与历史事件的联系，以求让历史事件更加鲜活。

“楚河说历史”的内容基本取材于正史，但也有些许野史掺杂其中。书中的每一个故事，我都力求找到史籍当中的记载，这种想法一直贯穿我创作的始终，但对我而言，这样做有得也有失，其中很多有趣的典故也因为找不到史料而被迫放弃。

我希望你把这套书当作一把钥匙。历史不应该是单向传输，也不应该是单纯背诵，我们完全可以通过自己的思考，看到很多不同的风景。就像我在每篇文章中设计的“脑洞剧场”，这里面的内容大多没有真实发生过，是我通过对人物性格的理解做的夸张描写，不仅仅是为了让故事更有趣，也是为了增加历史跟大家互动的可能性。你想过自己把“脑洞剧场”里的内容表演出来吗？你甚至可以跟朋友或家人搭档，把你印象中的这位历史人物，用自己的理解和方式呈现出来，我相信，这一定能释放你身体里的很多能量。解放对天性的束缚，大胆地表现自己。

如果这套书能给大家带来些许类似的感觉，这一定不是我的功劳，而是因为我站在了巨人们的肩膀上，很多历史学者和前辈给过我指点和启发，我只不过是站在他们的肩膀上踮起了脚尖而已。

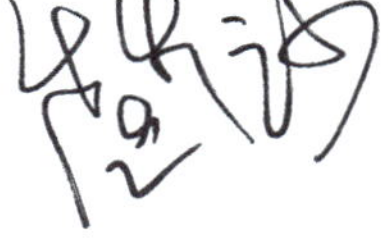

2020 年 8 月

目录

哈!
规
则

楚河说历史 隋唐宋

1 杨广

败家皇帝的特长是能花钱

败家子在字典里的解释是，不务正业、挥霍家产，使家庭破落的子弟。

真正的败家子不是一眼就能看出来的，分析过多起败家案例之后，我发现，许多败家子一开始看上去是那么正直、善良、单纯、无害。

不管你创造了多少财富，只要子孙当中有一个败家子，任你出走半生，归来仍旧贫穷。在中国古代，哪怕你留下的是一个富庶的国家，只要继任的皇帝会败家，最后什么都白搭。

隋炀帝杨广就是这样一个败家子。在当时人们的眼中，他或许是一个先贤德、后暴戾的君主，而在后人眼中，他的确成了一个名气很大的帝王，一个负面评价极多的帝王。

在世人的眼中，隋炀帝杨广就是暴君的代表。因为他仅仅用十四年的时间，就把他父亲隋文帝杨坚留给他的经济繁荣、统一安定的国家——隋朝给败亡了。

杨广如同一颗包装华丽的炸弹，他年少时，人们对他的评价很高，但没人知道他会毁掉隋朝的一切。《隋书》中是这样评价他的："上美姿仪，少敏慧。"这句话很好理解，意思是，杨广长得特别帅，而且从小就很聪明。他长得有多帅呢？美姿仪。历史上能获得这几个字评价的都是什么人物呢？宋玉、周瑜、潘安、北齐的兰陵王高长恭，他们可都是历史上的顶级帅哥。这样，我们就知道杨广长得有多帅了。

要知道，没人愿意做败家子啊！一个从小就聪明能干的人，更不愿意让自己成为一个遗臭万年的帝王。那么杨广是如何一步步地沦为大家口中的暴君的呢？这个过程还真不容易，因为他之前留给众人的印象太好了。

这事还要从头说起。话说杨广很小的时候就展现出了非同一般的能力，不仅精于诗词歌赋，而且谈起国家大事来，也是头头是道。所以他十三岁的时候就被封为晋王，官拜柱国，被任命为并州总管。前两个称号别看大，都是虚的，最后这个并州总管的职务才能真正说明杨坚对杨广能力的认可。让一个十三岁的孩子管一方的军事、政事，大家可能会觉得一定是他的家长疯了。然而事实证明，这个才该上初一的孩子，把自己手头的事梳理得井井有条，还获得了大家的一致好评。

可杨广的能力还不止于此，正是他实现了隋朝的统一，领导了灭陈战争。

十九岁时，他就被任命为行军元帅，率领五十万大军去消灭占据南方的陈国。值得注意的是，这位年仅二十岁的元帅在整个作战过程当中，充分做到了——没添乱。

因为真正指挥全军的是大将军高颎。要知道，这一战的政治意义非同小可，毕竟是隋朝统一天下的最后一战。虽然陈国对于隋朝来说，是小菜一碟，可是灭掉它意义重大，因为只有这样，才能迎来天下统一。

杨广在此之后也有建树，在平定陈国之后，杨广努力安抚江南的百姓，不仅处死了一些欺负百姓的官员，还封了府库，没有拿走陈国国库中的分文，所有人都夸赞他贤明。不过仔细想想，杨广他家好像也不缺钱，陈国的钱早晚都是他家的，着什么急啊？还是好名声更重要。

杨广的当务之急是争夺太子之位。文能安一方之民，武能统兵打仗，按理说，杨广才是继承皇位的最佳人选，但当时他的竞争力并不突出。隋文帝杨坚一共有五个儿子，分别是杨勇、杨广、杨俊、杨秀、杨谅，而且这五个儿子都是杨坚和独孤皇后所生。也就是说，如果杨坚想立嫡子的话，杨广有四个竞争对手，如果他想立长子的话，杨广连参赛资格都没有。当时，杨坚的长子杨勇才是隋朝的太子。

不过，杨广很会讨父母的欢心，很早他心中就打定了一个主意：争不到的，我就抢。

怎么抢呢？杨广采用了对父母“逐个击破”的策略。

杨广的第一个目标就是获得父亲的好感。杨广本来文采就好，善写诗文，又勤奋好学，在朝野之中的声望自然非常高。有一天，杨坚下了一道密令，让一个善于相面的人去看一看诸皇子，结果那人回来之后便说，杨广眉上双骨隆起，贵不可言啊。

龙的眉骨才会隆起，这是否暗示着什么？难道杨广应该当太子吗？难道这相面的人是杨广花钱请的吗？难道这隆起的双骨是杨广摔出来的大包吗？杨坚心中暗赞自己的想象力太丰富。但他也真的开始留意杨广了，后来干脆就去杨广的府上看一看。杨坚来到了杨广的府里，看过之后被感动坏了，因为杨广府里的乐器都是坏的，琴弦好多都是断的，上面还有尘土，一看就是平时很少娱乐。杨坚心中赞叹道："果然学习能使他快乐啊！"

不仅如此，杨广对杨坚还特别孝顺，杨坚的心很快就被杨广征服了。

杨广接下来的目标便是母亲独孤皇后。争取独孤皇后的支持很重要，因为杨坚的情况很特殊，虽然他是一代帝王，可他也是中国历史上著名的怕老婆的皇帝。

那么，如何才能博得独孤皇后的宠爱呢？这个时候就需要考虑独孤皇后的心理了。独孤皇后是个非常注重"一夫一妻制"的人，爱一个人就要专心地爱。她特别讨厌自己的儿子或者大臣有妾怀孕。可太子杨勇偏偏特别好色，宠幸的美人特别多，这本来就已经让独孤皇后很反感了。不巧的是太子妃元氏又突然死了，独孤皇后认为是杨勇的爱妾云氏害的，于是派人监视杨勇，专门寻找杨勇的罪过。

可再看杨广，家庭状况与杨勇的完全不一样。他整天跟妻子萧氏举案齐眉、相敬如宾，独孤皇后看在眼里，就舒服多了。其实，杨广并不是他表现出来的那样，可他的保密措施做得好，独孤皇后一点儿都不知情，时间长了，两相比较，自然就会给杨广加分。

用情专一、文武双全、年轻有为、建功无数、名声好，这就是杨广给大家留下的印象。于是，人们在心中认定，他会成为未来皇位的继承人。

他们不知道败家子通常都是有伪装的。生在皇家没有点儿演技，根本混不下去。对于其他的皇子来说，杨广就是一个标准的演员，他的确太会伪装了。据说他每次上朝，车马、侍从都极其朴素，跟朝臣问候的礼节都极其谦卑。即便在手下面前，杨广也没有松懈过。

《隋书》里记载着他一个表现贤德的小故事。“尝观猎遇雨，左右进油衣，上曰：‘士卒皆沾湿，我独衣此乎！’乃令持去。”这段话的意思是，杨广有一次观赏打猎的时候遇到下雨，身边的人便为他送上油衣（用油布做的雨衣），杨广却说：“士卒们都被雨淋着，难道让我一个人穿它吗？”于是，他就命人拿走油衣。杨广的这段话可把士兵们感动哭了。

就算杨广把自己比作尘埃，也没人会说他土。因为待人谦和有礼，让人心生敬佩，所以他的名声在杨坚的儿子中是最好的。

杨勇最终失去太子之位与杨广对太子之位的孜孜追求有关系。杨广一有机会就会诬陷杨勇。最致命的一次是在杨广赴任扬州总管的时候。临行前，杨广向独孤皇后辞行，来了一段哭戏。在泪花飞舞的间隙，杨广便趁机对独孤皇后说哥哥杨勇的坏话，主要的意思就是，哥哥要害他，杨勇真的好坏。

这下，独孤皇后彻底放弃了杨勇。十年之后，在杨广的多方活动下，杨坚正式下诏废除杨勇的太子之位，改立杨广为太子。估计此时杨广也得擦擦汗，心说：“多年的努力总算没有白费，我太不容易了。”

接下来，杨广成为皇帝就顺理成章了，一个史上著名的暴君就要横空出世了。

说到杨广的种种恶行，史书上写得非常多，为了骂杨广，有些史官甚至不再惜字如金，本着能骂多少骂多少的原则，给世人留下了一个千夫所指的皇帝。

可评价历史人物，还是要客观一些，分析一下杨广，他有一个明显的缺点——能花钱！

当史学家分析杨广那些饱受诟病的事情的时候，其实大体都离不开花钱。

比如营建东都洛阳。由于原来的都城长安粮食供应需要依靠外地运输，不如靠近大运河的洛阳方便，所以隋炀帝便决定以洛阳为东都。隋朝历时十个月营建了东都洛阳，每月要使用两百万人。这么多人总要吃饭吧，试问谁敢轻易请两百万人吃饭？这可是要花钱的。但杨广敢，不过他是请得起就请，请不起就把人饿死。这皇帝还真是完全不在意自己国家的人口数量。

比如修宫殿和花园。据说，杨广十分注重生活品质，所以修宫殿成了他的一大爱好，比较著名的有显仁宫、江都宫、临江宫、晋阳宫……修这么多宫殿，杨广住得过来吗？当然住不过来。但杨广希望，无论他住还是不住，宫殿就在那里。当年修显仁宫的时候，杨广甚至都不用本地的建筑材料，他让工人从偏远的地方运来奇珍异石、稀有木材。珍禽走兽、奇花异草也被源源不断地运进洛阳。

但杨广还不满足，他还要造龙舟。造什么样的龙舟？据《资治通鉴》记载，隋炀帝去江都乘坐的龙舟，高十几米，长几十米，上下有四层，上层有正殿、内殿、东西朝堂，中间两层有一百二十间房，每间房都用金玉装饰，最下层是内侍居处。除了龙舟，当然也要造一些别的船，总共造了多少艘船呢？数万艘。杨广已经不是花钱了，这相当于撒钱。

况且造船不光费钱，还费人。修这些船需要劳动力，而这些劳动力都要从百姓中出，他们要为杨广提供无偿的劳动，这在古代叫作服徭役。据说，监督劳役的官员都非常严格，每个工程都要死很多的人，很快就民怨沸腾。

造好的龙舟用在哪里呢？此时就要提到杨广修运河的事，不少人认为修运河是杨广执政期间的重大失误。但其实杨广修运河还真不是只为自己，开凿大运河本来也是件利国利民的事。

修运河，首先可以方便运输，减轻百姓的负担，因

为如果要交税的话，路途中消耗的费用也要老百姓承担；其次，还可以增加良田的面积，增加百姓的收入，一条大运河便可以促进南北的经济发展和文化繁荣。一件事情对百姓民生有益，杨广有什么理由不做呢？

不过，“劳民伤财”的事情就怕凑到一起。虽然隋朝国库充足、财力雄厚，但杨广这么能花钱，还是会花完的。建东都、修宫殿、造龙舟、凿运河，动不动就征发数百万人，而且每件事情都赶进度、抢工期，国家怎能不乱？

百姓怨声载道，就在这一片怨声当中，杨广居然开始举兵打仗了。百姓们心想：“真的是完全不在意我们的感受。”因为打仗也是一件耗费钱财和人力的事。

屋漏又逢连夜雨，看来杨广不是一个知道消停的人。这其中三征高句丽更是被称为促使隋朝灭亡的重要原因。杨广为了这场战争花费不少钱，但他没想到最后不仅没能取胜，还在国内带来很大的负面影响，农民起义频发。

第一次出征，隋炀帝征兵一百多万，大举进攻高句丽。在最著名的一战中，隋军水陆并进，其中三十多万人，最后成功保存有生力量二千七百多人。

第二次出征，刚开战不久，礼部尚书杨玄感谋反了，杨广只好撤兵。

第三次出征，又是刚发兵不久，征发的士兵在路上逃亡的人很多，严刑峻法都无法震慑他们。全国都在爆发农民起义，杨广只好再次撤兵。

但其实杨广不光打了高句丽，别的国家他也打。他打过吐谷浑，征讨过契丹、琉球。不过大部分战斗都只是消耗国力，却没有任何收获。应该承认，杨广为消灭隋朝做出了突出贡献。

接着杨广便开始四处巡游。为什么巡游？为了安定人心。但每次巡游也要花费大量的钱财，要知道杨广还是个讲面子的人。可皇帝讲面子，下面大臣也要面子，那就只能让老百姓承担一切了。

在能花钱的败家皇帝杨广几番折腾之后，隋朝的钱被花光了，人们的心被败光了，大好的河山就此葬送。

2 韩擒虎

“活”在二十四史中的阎罗王

在中国古代的神话传说中，有很多神通广大的神仙，他们精通法术，可以主宰人世间的一切。金钱、运势、健康、爱情……方方面面，他们都可以干预。而在众多的神仙里，有一个神仙无人不怕，他就是阎罗王。因为这位神仙想找谁聊天的时候，谁一般就摊上大事了。无论你有多少财富，多大名声，他老人家用笔写个“死”字，你的财富和名声就都变成遗产了。

而本篇故事的主人公韩擒虎，传说跟阎罗王有着莫大的渊源。

一般来说，正史很忌讳鬼神传说之类的内容。毕竟写的是历史，如果失去真实这个标准，那么文献的价值也会大打折扣。《隋书·韩擒虎传》就带有不少神话色彩，记载了韩擒虎就是阎罗王前身的说法。

韩擒虎这个名字在当时可以说是响当当的，但《隋书》记载此人应该叫韩擒，字子通。传说，他十来岁的时候，曾经生擒过一只老虎，所以后来人们都叫他韩擒虎。

韩擒虎是不是从小就这么厉害，无从考证，但他不是一般人。这其中，家庭的正面影响也起到了一定的作用。他父亲韩雄就不是普通人，早年间因为武功高强而出名，后来在北周当过大将军。可韩擒虎的成功上位，跟他父亲没什么关系，全凭自己的能力。那么史书当中是怎么描述韩擒虎的呢？我们不妨看看《隋书》当中是怎么说的。

“擒少慷慨，以胆略见称，容貌魁岸，有雄杰之表。”意思是说，韩擒虎性格豪爽，为人慷慨，凭借胆识和谋略赢得了人们的认可，而且他本人长得高大威猛，有英雄豪杰的气概。

不仅如此，韩擒虎这位壮汉，还是个内秀的人，他人生最大的爱好就是好好学习，特别喜欢读书，但凡市面上已经出版发行的书籍，他基本都知道书中的要义。

北周的太祖宇文泰发现了他，说："这孩子是个可造之才啊，要好好培养一下。"于是，周太祖就经常让威猛的韩擒虎和自己的儿子一起在宫中交流学习。

脑洞剧场

周太祖的儿子们也很好奇，怎么突然派来这样一个人陪着我们啊？于是，他们就对韩擒虎展开了一番询问。

众皇子："叔叔，敢问父皇派您来，所为何事？"

韩擒虎："在下跟各位殿下是同龄人。"

众皇子笑道："叔叔，您骗人。"

韩擒虎："为什么殿下们就不相信在下和各位同龄呢？要在下做什么，殿下们才会相信？"

众皇子："让自己看起来年轻一点儿。"

韩擒虎："这个……真做不到。"

上面这段是我编的，下面说真的。总之，韩擒虎经常跟众皇子在一起交流，后来因为军功升了官，待遇几乎和三公的相同。不仅如此，他还继承了父亲的爵位，被授为新义郡公。可这还不是韩擒虎的人生巅峰，要说他最拿得出手的本事，还得说是打仗。

韩擒虎打仗跟别的将领有所不同，他最突出的不是万人难敌的武力，也不是排兵布阵的谋略，而是他与生俱来的一种魅力。

不知道怎么回事，虽然韩擒虎打仗也很牛，但是韩擒虎的很多对手，都不是他亲自打败的。他的对手们都很有意思，每当知道自己马上要跟韩擒虎对阵的时候，他们脑子里冒出的第一个想法就是投降。

试问为什么韩擒虎在战斗中会具备让对方自动投降的能力呢？

我总结了一下韩擒虎的特点：高大威猛、智勇双全、生性好学、个性独特。再加上他有一个能让对手果断投降的本事，于是，他很快便得到了北周武帝宇文邕的信任。

话说，这一天，北周武帝把韩擒虎叫来，准备商量一下攻打北齐的事情。

在这里要简单说一下北周的周边形势，当时鼎立中原的主要政权有三个，北周只是其中的一个，在它的东面有一个北齐，而在它的南面还有一个陈国，这三个政权之间谁也不服谁，经常有小摩擦。

但是这仗不太好打，当时有一位北齐的大将，名叫独孤永业，他镇守金墉城。传说此人颇有才干，不仅擅长骑马射箭，文化程度还高，另外还精通歌舞。北周武帝对北齐的这员大将感到颇为困扰。不过，仗该打还是要打的，他就把韩擒虎派出去了，然后，独孤永业就投降了。正史记载，是韩擒虎说服了独孤永业，让他投降的。无疑，这证明韩擒虎的口才也非同一般。

紧接着，他率军北上，平定范阳。陈国的军队过来侵扰，他又三番五次地击退陈军。当时陈国派了三员大将，分别是甄庆、任蛮奴和萧摩诃，三个人配合还算默契，相互支援，频繁地侵犯江北地区。韩擒虎多次挫败他们的进攻，最后，他们被韩擒虎打得都失去信心了，三人回到陈国之后，一个比一个自卑。

没过多久，北周政权内部发生了一个变化，原来在北周当丞相的杨坚，成了隋朝的开国皇帝。

转眼间皇帝换了，所谓新官上任三把火，隋文帝杨坚的计划是吞并江南，完成国家统一。

陈国作为南北朝的最后一个政权，就变成一块嘴边的肉。派谁去呢？隋文帝首先就想到了韩擒虎。他心想：“这个人好使，能文能武，名声在外，还能招降敌军将领，那就让他去吧。”于是，隋文帝派他去平定陈国。

消息传开之后，陈国慌了。韩擒虎带兵过来打我们，打不过是输，打得过也得输，将士们心生胆怯。

当隋军大举进攻陈国的时候，韩擒虎正好是先锋。第一战，韩擒虎率领五百人连夜渡河，袭击采石（中国古代长江下游的一个江防要地，大概位于现在的安徽省马鞍山市）。

韩擒虎很快就占领了采石。接着，他用了半天时间又攻下了另一座城池，最后在一个叫新林的地方驻扎了下来。韩擒虎用兵堪称神速，所以他有这样的战果也不算意外。

不光是打仗很厉害，韩擒虎的名声也很大，他打到江南，当地的人早就知道他是个很有威信的人，都特别配合，甚至来到城门处迎接他。无论白天黑夜，来的人们川流不息。

当时陈国的人都很吃惊，谁都没想到韩擒虎的人气已经高到这种地步了。这让驻扎在当地的陈国将士很是伤心，他们都不知道这里还是不是自己的主场了。最后，大家一咬牙一跺脚："不行！这口气是死活咽不下去，走，投降去！"

陈国的将领相继投降，把隋文帝高兴坏了，可陈国国主陈叔宝有点儿撑不下去了，心想："这可不行，还没打就直接投降，这面子往哪儿搁？"于是，他赶紧又派了一个大臣去防守，这个大臣拉着一帮士兵试图抵挡韩擒虎的进攻。可当士兵们知道要跟韩擒虎打仗的时候，没有一丝犹豫，二话不说，拔腿就跑。

当时，陈国的一员虎将任蛮奴被隋朝的另一位名将贺若弼打败了，可这帮战败的人还真不嫌费劲，虽然他们都是被贺若弼打败的，但还是不辞辛苦地地跑到韩擒虎军处投降了。

不久后，韩擒虎就打到了陈国的都城，当时陈国人还想抵抗一下，稍微意思意思。这时候，任蛮奴站了出来，他挥手呵斥陈国的士兵，说道：“我都投降了，你们还做什么？！”语气里颇有些小骄傲的成分。

听到任蛮奴的话，陈国的防守瞬间瓦解，非常配合地让韩擒虎平定了建康，并且活捉了陈国的国主陈叔宝。

就这样，韩擒虎帮助隋文帝完成了统一大业，皇帝自然是很满意，韩擒虎加官晋爵，最后还被封为上柱国，这基本是军人的最高荣誉了。

要说一个人能像韩擒虎这样成功，可是真不容易，不仅皇帝喜欢他，百姓也喜欢他。于是伴着这个人一生的传奇，也就流传出了一个传说。这件事也记录在《隋书》当中。

“无何，其邻母见擒门下仪卫甚盛，有同王者，母异而问之。其中人曰：‘我来迎王。’忽然不见。又有人疾笃，忽惊走至擒家曰：‘我欲谒王。’”

这段话说的是，有一天韩擒虎邻居的母亲看到韩擒虎门前有很盛大的仪仗队，就像迎接君王的仪仗一样，很吃惊，就问仪仗队的人。仪仗队里就有个人回答，说："我们是来迎接大王的。"转眼间，仪仗队不见了。后来又有一个病得很重的人，突然惊慌失措地跑到韩擒虎家门前喊："我要拜见大王，我要拜见大王。"

脑洞剧场

看门的守卫特别不愿意："喊什么？喊什么？大白天的，喊什么大王，还想进府？你买票了吗？"

病重的人边咳边喊："咳咳咳……我要见大王，咳咳咳……"

守卫："哎呀，我说你这肺都快咳出来了，就别见大王了，先去见大夫吧。"

病重的人："不行，我今天一定要见大王。"

守卫："你说的是什么大王？"

病重的人："阎罗王！我就是因为快死了，所以我必须见他，我现在见他，相当于上班前打卡，你知道吗？"

上面这段内容来自正史中的记载。当时，韩擒虎的家人听这个重病的人说，自家大人韩擒虎居然是阎罗王，当时就想鞭打他，这时韩擒虎却拦住他们说道：“我活着当上柱国，死后当阎罗王，这也足够了。”

之后不久，韩擒虎便得了重病，几天之后就去世了。传说，这就是阎罗王的前世韩擒虎。

3 尉迟恭

唐朝的开国功臣是个武术冠军

在唐朝，人气最高的帝王可能就是唐太宗李世民了。不过，他之所以能成就一番霸业，除了他本人的卓越才能，也离不开他手底下那些精兵强将。

就拿武将来说，单是秦叔宝和尉迟恭，这俩人的名气就不比李世民的差多少。还有谁不认识这两大门神？过去家家户户门上都要贴上他俩的画像，只要贴上，这门就算“防盗门”了。这也从一个侧面说明，二人的武功都十分了得。尤其是尉迟恭，在正史当中，他的武力值都有点儿像绿巨人的了，不管多么牛的对手，只要见到他，立刻吓到浑身发抖。

毫不夸张地说，如果没有尉迟恭，就没有李世民。尉迟恭，一个凭武力值影响历史的英雄，这样一位传奇的人物，他的出身如何呢？

据说，年少时的尉迟恭是个铁匠。当时他最擅长的也许就是打把菜刀、剪刀、镰刀什么的。但我想这个职业说不定也为他的将来打下了基础，最起码练劲儿啊！

隋朝末年，尉迟恭当了兵。我猜想，他一定是个能为军队节省物资的人，他可是铁匠，想用什么兵器都可以自己打。想穿铠甲了，也自己打！

参军之后的尉迟恭，那真是勇猛非常，很快就成为大家公认的猛士。后来，他因功劳被提拔到朝散大夫。这个职务是干什么的？主要就是什么都不干。这其实就相当于得了一个荣誉称号，一个高级职称，虽然有一定的级别，但是没什么事儿做。不过这倒也没什么关系，因为当时的皇帝快下台了。

没过多久，群雄并起，大家一致认为，自从隋炀帝当了皇帝之后，百姓的日子过得真是一天不如一天。老百姓的肚子快饿成纸片一样了。

大家实在没法忍受了，于是，他们揭竿而起。当时尉迟恭还不知道李世民是谁，只是跟着刘武周起义、造反。后来，李世民讨伐刘武周，在介休（今山西境内）大败刘武周的军队。于是，尉迟恭归降了李世民。

当即，李世民就对他委以重任，任命他为右一府统军，并且让他继续统领旧部。但跟随尉迟恭一起归顺李世民的人不久后就叛变了，不少人不止一次地提醒李世民不要这么信任他，但都被李世民回绝了。

不过，李世民的眼光真不错，他用信任换来一位忠心不二的“武术冠军”。

618 年，中国最强盛的朝代之一，唐朝，终于建立了。但在唐朝立国之初，国家还不是真正意义上的统一，在某些地方还存在割据政权，而尉迟恭表现的机会马上就来了。这一段就记录在《旧唐书》里面：“是日，因从猎于榆窠，遇王世充领步骑数万来战。”

榆窠的地理位置比较特殊，据说离王世充的地盘特别近，可是此时的秦王李世民不怕。有一天，他带着尉迟恭直奔榆窠打猎去了，正好碰上王世充带着人马来挑战。史书上说王世充带了几万人，那么李世民这边有多少人呢？反正我是没听说过带着几万人打猎的。双方兵力悬殊是一定的。

这时，只见王世充手下的一员武将单雄信，带着骑兵直冲李世民而来。单雄信的本领非同小可，武艺十分了得，从小就能打，在马上善于用枪，在隋末实力最强的瓦岗军中号称“飞将”。

传说尉迟恭长得黑。单雄信冲着冲着，看见前面有一个黑黢黢的人骑着马也冲过来了。单雄信愣了一下，但也没怕，做好和对方迎头交战的准备。

走到近前，只听尉迟恭大吼一声：“嘿呀！”

再一看，单雄信的马跑了，只是单雄信不见了！原来尉迟恭斜刺了一枪，把单雄信挑下马来了。

王世充一看自己的大将军和尉迟恭只打了个照面就趴下了，士气受到了严重的影响，一下就乱了阵脚，且战且退。而尉迟恭则保护着李世民杀出了重围，后来又带领骑兵跟王世充打了几个回合，顺便还俘虏了王世充一员大将和六千名士兵。

如果给唐朝的武将排个名次，尉迟恭绝对是名列前茅，说他是个冠军也不为过。

话说尉迟恭为什么这么厉害呢？因为他有一个绝活儿，这一段就记录在《旧唐书》当中。“敬德善解避矟，每单骑入贼阵，贼矟攒刺，终不能伤，又能夺取贼矟，还以刺之。”

上文中的敬德正是尉迟恭，敬德是他的字。矟，是一种长兵器，类似于长矛。这段话的意思是尉迟恭特别善于化解和避开敌人长矛的攻势，每当他单枪匹马冲进敌阵的时候，即使是敌人的长矛一起刺过来，也始终不能刺到他，并且他还能夺过敌人手中的长矛，反手刺杀敌人。

可武艺高强的人太多了，谁也不服谁！见到高手不过两招，心里也不舒服。

李世民的弟弟，齐王李元吉看尉迟恭打仗这么轻松，心里不服：“这是什么情况？对方士兵们也太‘配合’了，尉迟恭在战场上进退自如，不知道的人还以为敌军的士兵全是尉迟恭雇的演员呢！”

尉迟恭
秦叔宝
哈!

李元吉心里不服气，他既擅长骑马，又擅长在马上使用长矛拼杀，他不太瞧得起尉迟恭的本领，于是就找了个机会要和尉迟恭比试一番。

说比就比！

李元吉命人把自己长矛顶端的刀刃取下来，只剩下长矛的杆，这样相对安全。

尉迟恭见状却说：“不用费事儿了，即使安上刀刃，您也刺不着我。您不用拿掉刀刃，我拿掉就行了。”

这句话深深地刺痛了李元吉的心，“挑衅？别瞧不起人！看招！”

李元吉的长矛就刺过去了，他刺啊，刺啊，刺啊，一下都没刺中，反倒把自己给累得呼呼喘气。

可当时在场的李世民和尉迟恭，他们的注意力已经不在李元吉身上了，他们开始探讨起了武艺。

脑洞剧场

李世民：“尉迟将军，这夺取兵器和避开兵器，哪一个比较难呢？”

尉迟恭：“那当然是夺取兵器难一些了。”说完，尉迟恭就看着李元吉，眼神中流露出“快来刺我，让我夺一下”

的意思。

于是，李世民就命尉迟恭夺李元吉的长矛。

想想也知道，李元吉刚才刺了尉迟恭半天都没刺中，已经很难堪了。现在，他竟然还想夺走自己的长矛。李元吉能愿意吗？只见李元吉手持长矛，长驱骏马，一心想刺尉迟恭。唰的一下刺过去，他的长矛就不见了……

李世民感到非常惊奇："哇，好神奇，尉迟将军太快了，我都没看清。"

尉迟恭说："没有关系，再给你演示一遍！"抬手就把长矛还给李元吉，但这次李元吉使出浑身力气，还是让尉迟恭又把长矛夺走了。

上面的这段对话里有真有假。总之在历史上，"夺李元吉长矛"，尉迟恭演示了三次，估计李元吉气得想把长矛撅折了。他嘴上在夸奖尉迟恭，心里面可能都已经哭了一百遍。

不久之后，唐朝的实力越来越强，地方割据势力郑王王世充和夏王窦建德不得不开始联手对抗。可是联手也打不过，因为尉迟恭就是他们的一大难题。

话说有一次，李世民攻打洛阳，窦建德率十多万大军水陆并进，想西援洛阳，与王世充的人马会合一处。这么大的阵仗，李世民毫无惧色，他让李元吉继续围攻洛阳，自己领着三千五百人前去虎牢阻止窦建德的军队，防止窦建德和王世充双方军队会合。

窦建德那边有十万人，可李世民带三千五百人还嫌多，他划出其中五百人，让他们暗自埋伏，自己和尉迟恭就带着四个骑兵去当诱饵。

李世民这时候对尉迟恭说了一句话：“我拿着弓箭，你持长矛相随，即使有百万大军又奈我何！”

别说，那些人还真拿他们没办法。当窦建德的一小股军队碰见他们六个骑兵时，本来还以为是对方的侦察兵呢，刚要追，就听李世民远远地喊：“我是秦王。”

对面窦建德的士兵都愣了：“他们太猖狂了，就六个人，还敢自报家门！”

窦建德军出动五六千骑兵追赶，没想到越追人越少，都让李世民和尉迟恭射杀了。李世民和尉迟恭将追兵引入埋伏圈，赢了这场战斗。

话说后来有一次窦建德和李世民对阵，当时王世充的侄子王琬骑着隋炀帝的青骢马，铠甲兵器都很新，当真是英气逼人。

李世民远远看着也很羡慕，叹了一句："他骑的确实是一匹好马啊。"尉迟恭带着俩人嗖的一下冲进了敌人的军营，不仅活捉了王琬，还牵着那匹青骢马返回了唐营。窦建德那边的人又傻了，没有人敢阻拦，大家满脸写着"刚刚发生了什么"。不用多说，最后的胜利还是属于李世民。

不过要说最惊险的，还得是玄武门之变。

当时，太子李建成和齐王李元吉想谋害李世民。李世民识破后，在众多拥护者的支持下，决定反杀李建成和李元吉。于是，李世民等在玄武门设伏，等待诛杀他们二人。

大家都是聪明人，李建成他们感觉不妙就要逃，结果没能成功，李建成先被李世民射杀。李元吉被射中了腿，逃入树林。李世民纵马追赶，结果让树枝给挂住了，也从马上摔了下来。李元吉抓住机会，回来抢过弓就想杀掉李世民，就在这千钧一发之际，又是尉迟恭及时赶到，将李元吉射杀。

接着是李渊退位，李世民继位，这一桩一件都跟尉迟恭的保驾护航密不可分。

4 李靖

坐上神坛的牛人

在中国漫长的历史长河中，或许有很多人不求万贯家财，却几乎没有人会拒绝青史留名。因为对于他们来说，这既是认可，也是荣誉。

没错，当一个人把他一生的答卷交上去的时候，如果能做到不但让统治者满意，还能让老百姓满意，那这个人应当说是注定会青史留名的。

而如果这个人还可以做得更好的话，那他可能就会被老百姓捧上神坛。比如，关云长、秦叔宝、尉迟恭，大家都比较喜欢请他们镇门……这也是老百姓尊敬他们的表现。本篇讲的就是一位最后被神化了的历史人物，他就是唐朝名将李靖。

不得不承认，李靖是一个很有故事的人。在网络上搜索，你不但可以找到他在唐朝的原型，还可以看到李靖的神话传说——托塔李天王的故事。但实际上，历史当中真实存在的李靖，故事一点儿也不比托塔李天王的少。

首先有据可查的就是，真实的李靖外形条件相当了得，他本人长得很帅。《旧唐书》当中是这样记载的：“靖姿貌瑰伟，少有文武材略。”

李靖长得一表人才，并且从小就文武双全，这的确给了他骄傲的资本。所以他和亲朋好友聊天的时候，经常说：“如果我遇到了明主，一定会成就一番事业，走上人生巅峰。”

听起来口气不小，但其实不光他这么想，他周围的人也都这么想。这其中就有隋朝名将韩擒虎，他还有另一个身份——李靖的舅舅。每当他和李靖谈论完兵法之后，都会对他赞赏有加，经常感叹道：“能跟我一起探讨孙膑和吴起写的兵法的人，也就只有你啦。”

后来李靖当了官，不过起点有点儿低，他的第一个职务是隋朝的长安县功曹，说通俗一点儿就是文秘。再后来，他还担任过一些其他的级别都不算高的职务。

别看李靖没有当大官，在当时的隋朝高层官员中已经有很多人开始注意他了。吏部尚书牛弘就很欣赏他，称赞他有“王佐之才”，隋朝大军事家杨素也曾经抚着自己的座位对他说：“你以后终会坐在这个位置！”

自己有才华，高层也赏识。按理说，李靖应该有平步青云的机会。可是李靖没有这样的体会，他的升迁之路非常漫长。直到四十多岁，他才当上马邑郡的郡丞，这是一个正六品的官。

虽然到了这么大岁数才得到一点儿升迁的机会，再有升迁看似渺茫，但李靖还没有放弃。

就在他为自己的前程暗暗发愁的时候，隋末农民起义轰轰烈烈地爆发了。并且李靖还发现了一个问题，太原留守李渊似乎也准备招兵买马、伺机而动。

怎么办呢？李靖的忠君爱国思想顿时占据了主导：“不行，我得把这件事告诉陛下！”

当时隋朝的统治者是隋炀帝杨广，此时他人还在江都，大概在现在的江苏省扬州市附近；而李靖当时人在马邑郡，大概在现在的山西省朔州市。一南一北，这可是上千公里的距离，但李靖没有丝毫犹豫，立刻上路。

可还有一个问题摆在他面前，他要去找隋炀帝，必然要通过李渊的防区。这要是让李渊的士兵盘查起来，情况可能是这样的。

士兵："你干吗的啊？"

李靖："我去找陛下告李渊的状。"

一百个李靖也跑不掉。

李靖想了一个主意，他先把自己化装成囚犯，又找来了一辆囚车，叫人把自己锁进囚车里面。

脑洞剧场

下属："大人，您还别说，人靠衣服，马靠鞍啊。您穿上这身行头，还真是挺像犯人的。"

李靖："赶紧给我锁上！"

下属："大人，您要不要再考虑一下，不至于这么拼。"

李靖："好男儿为国家抛头颅、洒热血，有什么可犹豫的！何况我也得先体验一下嘛。"

得，劝不住。呼啦啦，下属就把李靖给锁上了。然后大家就去吃午饭了。

李靖都愣了："咦？不出发吗？对，说好的是吃完了饭再去。"没辙了，等吧。等啊，等啊，等了三四个小时，李靖感觉自己都饿瘦了。

下属："大人！体验得怎么样了？"

李靖："水……水……水！"

下属："大人，您演得太像了。"

李靖："我这是真的好吗？！"

上面这段是我编的，但是假扮囚犯这个主意，还真是李靖本人想出来的。后来，李靖凭着聪明的大脑和出色的演技，总算是过了李渊的防区，来到了长安。但长安城一片混乱，去江都的路都断了。李靖不得已，只能困守长安，帮着守军守城。

很快，长安城就被李渊的大军包围，李靖成为李渊的俘虏。这可把李渊美得鼻涕泡都出来了："哟，这不是准备去告密的李靖李大人吗？来得早不如来得巧啊，小的们给我砍了。"

呼啦啦一帮人就要动刀。只听李靖大喊一声："慢着！您兴起义兵，本是为天下除去暴乱，怎么不着眼大事，却因私人恩怨而斩杀壮士呢？"

李渊听完这句话惊讶了："啊呀，这人说话有道理！这是个人才啊。"

正在李渊犹豫要不要杀他的时候，李世民过来为李靖求情，这才让他躲过了这致命的一刀。

按理说，这是大难不死必有后福，可他这后福还得再往后，还往后，一直往后。这是很后的后福，而在后福前面还有一刀等着李靖。这要让李靖知道了，也得感叹一句："我这叫大难不死，还有补刀啊。"

说话间，来到了618年，隋朝覆灭，唐朝建立了，李渊称帝，是为唐高祖。但实际上当时还没有迎来真正意义上的统一。此时还有十四个不同的政权分布在各处，局面非常混乱。李渊父子不可能放任这样的情况不管，接下来，李渊面对的是时间很长的统一战争。

李靖被释放之后，就被李世民收入帐中。这期间，他也立过一些军功，但是李渊似乎还是对他不太信任。

后来有一次，李渊想派李靖去攻打梁王萧铣，结果李靖途中因遇见山贼而耽搁了。这使得李渊一下子把原来不开心的事情都想起来了："好小子，当年想到隋炀帝那儿告我的状，现在还敢消极怠工，我看你真是不想活了。"

想到这里，李渊立刻给当时的硖州都督许绍下了一道密旨，让他找个机会把李靖杀死。

许绍的身份很特殊，他是李渊小时候关系很好的同学，所以许绍也比较敢说话。他知道李靖是个难得的人才，便专门写了一份奏折给李渊，大体意思就是，李靖绝对是个人才，不能杀。一番求情之后，这件事就被压了下来。

不过，李靖倒也没有辜负许绍的期待，没多久就在一场战役中立了大功。先是率领八百精骑兵攻破敌军大营，接着又临阵把敌将斩于马下，俘虏敌军五千多人。这下李渊高兴了，立刻亲自给李靖写了一封信。

这封信的内容就记录在《旧唐书》里面："既往不咎，旧事吾久忘之矣。"意思是说，原来的事概不追究了，过去的事，朕都忘了好久了。李靖拿着李渊这封亲笔信，手都颤抖了，心想："一会儿说既往不咎，一会儿又说都忘了。这到底是忘没忘啊？"

不过，结果总算还是好的，这也算是给李靖吃了一颗定心丸。从此以后，李靖变得更加勇猛。

621年，李靖五十岁，本该是知天命的年纪，可他的名将之路才刚刚开始。

就在同一年，李靖向李渊陈述了剿灭梁王萧铣的十大计策。国家的统一大业本来就势在必行，现在手底下有人呈上了这么棒的计策，李渊简直太高兴了。

脑洞剧场

李渊："我从来没有见过这么完美的计划书。"

李靖："陛下，您再看看吧！再让我改改吧。"

李渊："不！朕不许你这么做！"

李靖："求陛下让我再改改吧！我还可以熬夜修改好的。"

上面这段是我编的。但在历史上，李渊的确采纳了李靖的建议，马上任命李靖和李孝恭统帅四路大军讨伐梁王萧铣。

当时正好是秋天，流经三峡的滔滔江水汹涌非常。萧铣认为唐朝的大军不可能选在这个时候出兵，并未做防范。李靖手下的众将领也觉得现在出兵是很不理智的，水流如此湍急，保不齐自己手里的精兵强将，都让水带走，变成虾兵蟹将了。

可李靖却说：“兵贵神速，机不可失。”接下来他又跟周围的人解释了一番，中心思想就是出其不意，定能取胜。

大家被他说服了，拔营起寨，直奔萧铣而来。萧铣那边还没回过神来呢，都城就已经让人家包围了。萧铣很悲愤，对身边的侍从说：“如今看来只能投降了！”

总之，仅仅用了两个月的时间，李靖就消灭了江南最大的割据势力。李渊很开心，又派他去安抚岭南了。

李渊派李靖去安抚岭南，还真是找对人了。李靖带人过去招降，人们都很配合，效果非常明显，总计招降九十六个州，六十余万户。

隋朝鼎盛时期，全国总户数超过了八百九十万户，可随着隋末农民起义的爆发，全国户数大大减少，到李世民的贞观年间，全国总户数降到了三百万左右。而这次，李靖一下招降了六十多万户，这对于唐朝的意义，不言而喻。

但实际上，唐朝一开始并不是像我们想象的那么强盛。在内蒙古草原纵横驰骋的东突厥从没把唐朝放在眼里过。可能在他们看来，唐朝约等于软柿子。

625 年，东突厥颉利可汗率十余万人越过石岭，大举进犯太原。李渊马上组织军队进行抵抗，但是几乎所有的军队都被打残了，有的甚至全军覆没，只有李靖的军队得以保全。

626 年，唐太宗李世民刚刚即位，东突厥卷土重来，又是十几万的精锐骑兵，形势十分危急。当时，李靖被任命为灵州道行军总管，率军到幽州，这时颉利可汗的兵已经到甘肃泾阳了，唐太宗亲临渭水，许诺重金，结下渭水之盟，才使东突厥退兵。

这是战争留给国家的耻辱，以彼之道还施彼身，唐朝注定会有所行动的。

630 年，李靖率领区区三千精锐骑兵，冒着严寒，要横扫东突厥。

兵部尚书李靖带兵前来，使东突厥判断唐朝这次一定是使出全力了，因此他们一致认为这种情况只能跑。可他们终究还是没能逃脱大唐的铁骑。在多路大军的包围中，东突厥一败再败，最终被灭国，此时的李靖已经五十九岁。

635年，一个叫吐谷浑的国家又来侵犯唐朝的边境，当时已经六十多岁的李靖再一次挂帅，骚扰唐朝多年的吐谷浑终被灭国。

而直到李靖七十三岁的时候，他还没有服老，还想随李世民去打高句丽。

就这样，不服老的名将李靖最终也因他傲人的战绩，而被老百姓捧上了神坛。

……

人的一生，有时候真的很短暂，当我们还没年轻够的时候，却发现自己两鬓已生白发，在不知不觉间，似乎已经老了。脑海当中，“力不从心”四个字总是挥之不去。

可是当我们真正认识了李靖之后，才知道，原来成功并非只属于青春少年，只要拥有积极进取的心态，无论我们游到生命长河的哪一段，都可以激起漂亮的浪花。

有一群人，他们急切地想要拥有辉煌，却在中途放弃，他们的理由是“我老了”，而这群人里甚至还有十八岁的“小孩子”。

什么时候我们才有资格说自己老了呢？我们什么时候才算是真的老了？

当你真正觉得自己老的时候，你就是老了，这和年龄无关。只要不停止积极的思考，生命就永远不会失去光彩。

5 武则天

打破旧规则的女皇帝

我们生活的世界是一个处处都有规矩的世界。所谓没有规矩不成方圆，正因为大家都各自遵循着某种规矩，世界才能有序运转。

随着时间的推移，很多规矩都会改一改、调一调，因为还有一个带有贬义的成语叫“墨守成规”。那些敢于顺应变化，打破旧规则，树立新规则的人，我们都可以称之为“牛人”。

中华上下五千年，皇权的历史是绝对绕不过去的，皇权象征的是至高无上的权力，而这个权力的所有者虽然会发生变化，但有一样是不变的，皇权一般都是男人在掌握，这是皇权历史的规则。在大家的印象当中，权力的更迭，无非就是换另一个男性掌权而已。

从来就没有人想到，有一天在中国权力的制高点上会站着一个女人，直到武则天出现……

话说，武则天在很小的时候，就表现出了与众不同的气质。

著名的相术大师袁天罡曾经给她相过面，当时武则天的母亲杨氏把她的几个孩子叫出来，让大师给相面。大师对其他孩子的评价都很中肯，且对武则天给予了非同凡响的评价。

这段评价记载于《旧唐书》中。“乳母时抱则天，衣男子之服，天罡曰：‘此郎君子神色爽彻，不可易知，试令行看。’于是步于床前，仍令举目，天罡大惊曰：‘此郎君子龙睛凤颈，贵人之极也。’更转侧视之，又惊曰：‘必若是女，实不可窥测，后当为天下之主矣！’”

意思是说，她的眼睛像龙的眼睛，脖子像凤凰的脖子，这是非常富贵的面相，可惜是个男孩，如果是女孩，可以当天子。

总之，这一段的确为武则天后面的命运埋下了伏笔。武则天他们家本来就不是普通人家，生活条件很不错。隋朝末年，唐高祖李渊起兵的时候，就跟武则天他们家结下了不解之缘。据说，武则天的父亲不但资助过李渊不少钱粮衣物，而且每次李渊带兵路过他们家，还提供食宿。武则天的父亲也算是唐朝的开国功勋。

时光荏苒，转眼间，唐朝的统治稳定了下来，武则天也长成了一个十四岁的大姑娘，据说她生得是美艳动人。古代人一般认为二八芳龄是女孩子的黄金年龄。“二八芳龄”指的就是十六岁。可武则天十四岁的时候就已经很漂亮了，当时的皇帝唐太宗李世民就把她召入宫中，封为五品才人，赐号武媚。

才人在唐朝属于嫔妃里中等偏下的级别。武则天要进宫伺候皇帝了，武则天的妈妈并不开心，不停地哭。而武则天却胸有成竹。

这件事就记录在《新唐书》里面。“后独自如，曰：‘见天子庸知非福，何儿女悲乎？’”意思是说，能伺候天子，未必不是一件好事，您为何还要如此悲伤呢？不得不承认，这句话使武则天定要在宫中崭露头角，有一番作为的想法一展无余。

总之，武则天就这样进宫了，自从被封为正五品才人之后，她每天就是记录妃嫔们的饮食、休息和采桑等。

转眼间过了十一年。武则天发现，自己见蚕的次数比见皇帝的次数都多，俨然已经是个“资深才人”了。

多亏了她晚年的时候记性好，我们才能知道，原来武则天在当时不光为唐太宗采桑，还为他提供了驯马的建议。

唐太宗有一匹很烈的马，名叫狮子骢，它生得肥壮、任性，没有人能驯服。武则天当时就侍奉在唐太宗左右，她对唐太宗说：“我能制服它，但我需要三件东西，一条铁鞭、一根铁棍和一把匕首。我用铁鞭抽打，驯服，如果它不服，就用铁棍敲它的脑袋，如果它还不服，就用匕首割断它的喉管。”

据武则天本人说，当时唐太宗夸奖了她，这反正我是没信。就算夸了她，也不能让她真去训练，不然她拿着凶器去驯马，那还不得驯一匹死一匹，驯一对死一双？宫里的马肯定就不够了。

谁能想到，这个女人铁腕驯马的思路竟是她杀伐一生的重要思路之一。

但此时的武则天，在唐太宗面前没有任何施展的空间，没办法，对于武则天来说，这就是命。

命运把武则天引向下一段人生的时候，给了她这段故事里的男主角——唐高宗李治。

李治和武则天是怎么认识的呢？传说是在唐太宗病重的时候认识，并且建立感情的。这个可能性也确实比较大。后面的事情就记录在《旧唐书》里面。“及太宗崩，遂为尼，居感业寺。大帝于寺见之，复召入宫，拜昭仪。”唐太宗驾崩以后，武则天就被安排到感业寺出家，削发为尼了。

按照惯例，在皇帝驾崩后，那些没有子女、级别比较低的嫔妃是要到寺院里为死去的皇帝祈福的。按理说，武则天就这样一直祈福下去，想回宫那是千难万难。可是架不住武则天长得漂亮，虽然已经二十五岁了，但是依然容貌出众。有一天，李治来到了感业寺，碰上武则天之后，立刻不淡定了。

据说，当时的武媚娘还为李治写了一首情诗，这首诗叫作《如意娘》。

看朱成碧思纷纷，憔悴支离为忆君。
不信比来常下泪，开箱验取石榴裙。

诗的意思大概是说，我心绪纷乱，精神恍惚，把红的都看成绿的了。为什么我如此憔悴呢？就是因为整天想着你。如果不相信我每天因为思念你而默默落泪的话，你就打开箱子看看我的石榴裙吧，那上面洒满了我斑驳的泪迹。

一首七言绝句写得情真意切，据说，后来诗人李白看到之后都自愧不如。此处也许不是胜在了文采，而是胜在了一个情字上面。

所以我相信，武则天是真心爱唐高宗李治的，于是她最终还是回到皇宫了。

第二次入宫的武则天也许在心态上发生了变化。寺庙的清苦生活告诉她，自己的力量若是不够强大，那么命运就会被别人掌握。或许从那时开始，武则天的心里开始萌生出了对权力的欲望。

首先就是争当皇后。后宫争斗的故事，大家肯定看过不少了，很多电视剧、电影都上演过这些明争暗斗的桥段，有时候会让人觉得后宫争斗的激烈程度一点儿都不亚于战场的。

后宫里的每一个人，每时每刻都想为自己争得寸土之地。武则天也一样，当武则天发现自己距离皇后之位也不是很远的时候，她便想尽办法抓住了这个机会。虽然几经波折，唐高宗还是废掉了王皇后，让武则天当了皇后。

后来过了没几年，唐高宗得了头疼病，整天头晕目眩，于是又让武则天和他一起处理朝政。他们被当时的人称为“二圣”。

这段经历对武则天的影响非常大，她自此便开始亲身参与权力中枢的运作。一切都像安排好的一样，唐高宗就像武则天的启蒙导师，他把该教的知识都教完了之后，便驾鹤西游了。

而另一边，尝到了权力甜头的武则天猛然发现，自己已经可以摸到权力的制高点，既然已经走到这种地步，还有什么可犹豫的呢？她再也不想让别人掌握自己的命运了，索性打破了关于皇帝的旧规则。

就这样，690 年，武则天改唐为周，正式称帝，成为中国历史上第一位女皇帝。

成为女皇之后的武则天，在管理国家方面并不比男

人差。她不但大兴科举，不分贵贱，重用贤能，还首开“意见箱”制度，广纳良言等。总体来说，在武则天的统治时期，唐朝政治是比较清明的。在那段时期也出现了很多治世能臣，如狄仁杰、张柬之、姚崇等，他们都为武周政权的统治做出了不小的贡献。

虽然在武周统治时期，国家的版图并没有扩张，但也没有缩小，这都离不开武则天的努力。武则天作为统治者，有她的可爱之处，和男性统治者不同的是，武则天处理政事的手法似乎更加细腻一些。当然，在武则天的身上也有不少广受诟病的荒唐事，如任用酷吏等。

我们知道，中国古代王朝因为某些事情，经常会搞一些大赦天下的活动，主要是把监狱里关着的犯人放出来，让他们重新过上平凡的生活。这样做，有时是为了庆祝，有时是为了安抚。对于老百姓来说，这应该是一件好事。

在我脑海里，武则天绝对属于大赦天下次数比较多的帝王了，我数了数，她大赦天下超过了 20 次，这是一个多么希望大赦的女皇！

无论怎样，时间从来不曾停下脚步。百年之后，无论生前何等风光，人最后还是要归于尘土。武则天也一样，她死后和唐高宗合葬在了一起。回想之前那些争斗的岁月，武则天争皇后之位、争参与朝政的机会、争帝王宝座，争的是什么呢？也许只是争掌握自己的命运的权利而已。

如果不曾争得这些，她也许根本没有资格和唐高宗合葬一处。不过有意思的是，武则天与唐高宗合葬的乾陵有两块石碑，一块是武则天为唐高宗所立，另一块就是属于武则天自己的无字碑。

关于这块无字碑，有人说是因武则天觉得自己功德无量而无法书写，有人说是因她自觉惭愧而不敢去写，还有人说是她为了把是非功过留给后人评说而特意不写。可也许武则天只是想打破石碑都要有字的旧规矩，不爱按规矩出牌，她偏偏就是要立一块无字碑，又如何呢？

6 狄仁杰

名侦探不是吓大的

在我们通常认为，想做一番大事的人，必定有胆有识。夸他们的时候，我们说“一身是胆”。挖苦胆小的人的时候，我们说他们“胆小如鼠”。

胆量的确是一个人必须要修炼的一课，在唐朝历史上，有一位胆量比较大的人物，他当得了官、破得了案、卖得了萌，这个人就是狄仁杰。聪明的狄仁杰一定想不到，在一千多年之后的中国，他能够在影视圈如此火爆，还被披上了“东方福尔摩斯”的外衣。

据《新唐书》记载，在唐高宗时，狄仁杰担任大理寺丞，在他任职期间，他清理了大量的疑难积案，涉及人员多达一万七千余人。最牛的地方在于，狄仁杰处理完这些案子之后，没有一个人觉得自己被冤枉了，他们都觉得狄仁杰处理得很公平。

能做到这种程度，我们不得不承认狄仁杰的智慧。但事实上，贯穿狄仁杰一生的，不只有智慧，还有胆量，这一点，从他小时候的一件事，就能看出来。

这件事记录在《旧唐书》里。“仁杰儿童时，门人有被害者，县吏就诘之，众皆接对，唯仁杰坚坐读书。吏责之，仁杰曰：‘黄卷之中，圣贤备在，犹不能接对，何暇偶俗吏，而见责耶！’”

这段话意思是这样的。在狄仁杰还是小朋友的时候，有一回，他的家中有人遇害了。于是，衙门派来了衙役查问案情，衙役就找狄仁杰他们家的人挨个问话。眼瞅着问得都差不多了，唯独一个小孩，连看都没看那些衙役一眼，就自己在那淡定地看书。

这深深伤害了衙役的自尊心，心想：“这么个小孩竟然敢无视我？”

衙役上前就责问狄仁杰：“小孩儿，你干吗不来录口供？”

只听小狄仁杰慢条斯理地说：“书里那么多圣贤，我都应付不过来，哪里有闲工夫搭理你们这些俗人呢？”

一个小孩子竟然敢跟办案的衙役这么说话！我只能说，幸亏狄仁杰岁数小，这要是再大一点儿，保不齐就得挨顿打。不过，这也说明了狄仁杰从小胆子就大。后来，他长大为官，唐高宗对他也是这样的评价——胆子大。

这话从何说起呢？话说，唐高宗前往汾阳宫时，途中要经过一个叫作“妒女祠”的地方。当时，在当地有一个说法：谁要是穿着华丽的衣服经过这个祠，就会招致风雷之灾。现在的我们也不知道风雷之灾会严重到什么程度，估计就是挨雷劈吧。

但我猜想，这个传说之所以形成，也可能是某个人在某一天穿了件金属含量比较高的衣服，经过妒女祠时，正好赶上打雷，这身衣服就引雷啦……

可是那时候的人们还是比较迷信的，传说既然已经形成，总得防患于未然。皇帝毕竟是万金之体，保不齐更容易引雷。

所以，当时的并州长史李冲玄便想征发数万人，准备为唐高宗另外开辟一条御道。狄仁杰反对这个提议，他说：“皇帝出行，有成千上万的随从，风伯都会为皇帝清尘，雨师也会为皇帝来洒道，还怕什么妒女呢？”于是他成功制止了这次徭役。

《新唐书》上记载，唐高宗得知这件事之后，叹道：“真丈夫也！”我觉得唐高宗的意思在这里可以理解为：“狄仁杰，你胆儿真大！”

在人生的关键节点上，有时候胆量显得尤为重要。比方说，对方使空城计的时候。在真实的历史中，虽然诸葛亮并未使用过空城计，但是赵云倒是使过一次空营计，成功吓退了魏国的士兵。

不过使用的时候，也要注意技巧，我们不妨就向狄仁杰学习学习吧。

按理说，像狄仁杰这样，既有工作能力，又得“老板”器重，还清正廉洁的官，仕途应该很顺利。但可惜的是，就在狄仁杰处于上升期的时候，武则天登上了皇位。

一朝天子一朝臣，武则天为了坐稳江山，免不了对一直效忠于唐朝的大臣们进行一番清理。她干脆设立了“意见箱”，让他们互相告密。接着，她任用了大量的酷吏，去抓捕那些被告的人，抓回来之后就用五花八门的方法审讯他们。据说一百个人进去，能活着出来的也就一两个。

狄仁杰身为唐高宗的旧臣，亦不能幸免于难。

武则天时期著名的酷吏来俊臣当时给狄仁杰定了一个谋反的罪名。这个罪名已经不能定得再高了，再往上就是危害地球和平了。

狄仁杰就这样被抓了起来，带到了酷吏们审讯的地方。这些酷吏手段非常残忍。抓狄仁杰的这个来俊臣，就是著名冤枉人经典《罗织经》的作者。狄仁杰心想："这回玩儿大了。"

去"审讯室"的路上，狄仁杰估计没少听到狱吏拷问囚犯的声音。

脑洞剧场

酷吏（边打人，边审讯）："嘿嘿，你以为我没在案发现场就没办法了吗？说！你给我说！还不快说！"

囚犯："啊呀！！！我说什么呀我？"

酷吏："我知道你说什么？！你给我说！"

囚犯："哎哟！！！不是，您得告诉我，您想知道什么，

我才能说啊！”

酷吏：“嗯……我忘了想知道什么了，但我不管，你给我说！”

就这么拷问的话，搁谁身上都受不了，狄仁杰也免不了要过这一关。酷吏把狄仁杰绑好，开始准备逼供。

后面的画面，我们几乎可以猜到了。在影视剧里，我们也没少见那些忠臣死士，他们行得端，做得正，你打死我，我也不会承认我没有做过的事！况且，名侦探狄仁杰胆大也是出了名的，肯定更加不会屈服。可没想到，结果大大出乎我们的意料。

这拷问是有流程的，酷吏们有经验，知道一开始都不可能太顺利，最起码也得动用刑罚才行。

当酷吏把袖子撸起来，只问了一句："说！你谋反了没有？！"

就听得狄仁杰回应："是的，我谋反了。"

抽鞭子的酷吏姿势都摆好了，听完这句话，鞭子掉了……心想："这也太顺利了吧？也不反抗一下？"

历史上，狄仁杰说的话是什么呢？《旧唐书》里是这样记载的："狄仁杰叹曰：'大周革命，万物唯新，唐朝旧臣，甘从诛戮。反是实！'"

这句话就显示出狄仁杰临危不乱的胆量了，他回答的供词很值得说一说，他的意思是，武周是新建的王朝，用的都是革新的东西，而我是唐朝的旧臣，甘心被杀。谋反是真的。

但狄仁杰的这句话有两个意思，一是我虽然是唐朝的旧臣，你可以说我是谋反，但我没什么实际行动，顶多只能算是“被谋反”。二是我甘心赴死，话里的意思就是不要打我！

总之，狄仁杰说完这句话，既保住了名节，又保住了性命，总算是让他渡过了这个生死关口。

酷吏那边都愣了，怎么办呢？人家都承认了，那也不必再审，直接关押起来吧。

趁着这个机会，狄仁杰向看守借来笔砚，把自己的被子拆了，将冤情都写在被单上，又把冤情书塞进棉衣里，托人带去给武则天。武则天读完，才释放了狄仁杰，但把他贬为彭泽令。

武周毕竟还是一个新兴的王朝，紧缺人才。武则天也是个明白人，她知道，不能一下把优秀的官员都干掉，最后连干活的人都没了。

在之后的工作中，武则天也越来越信任，并且依赖于狄仁杰。狄仁杰也始终保有着自己那过人的胆量，保持着自己的行事风格，所以他才能在武则天决定传位的时候，不惜触犯龙颜，力谏立庐陵王李显为太子，让武则天改变主意，把王权又还给了李家。

7 安禄山

从心腹之人到心腹之患

要说全世界最有意思的文字是哪种，一定要数中国的汉字了。

现在的汉字由象形文字演变而来，不同的字相互组合形成词汇。比如，词汇里有同义词和反义词之分，而同义词和反义词之间，有时候仅有一字之差。每一个词都不是随随便便拼凑起来的，其中有很多讲究。

比如，当你认定一个人是亲信的时候，那么就可以称他为心腹之人。这足以代表他的重要程度和可信度。可如果看人不准，那么，心腹之人也有可能成为心腹之患。

话说，在唐玄宗李隆基统治时期，臣子们的日子不太好过，因为他们感觉唐玄宗这个人做事有点儿虎头蛇尾。

他在执政前期，简直就是一个励志青年，浑身全是正能量，拥有各种理想、各种追求，而且他的执政风格也是“亲贤臣，远小人”。身边都是正人君子，如“开元三杰”：姚崇、宋璟、张九龄。

可到了统治后期，唐玄宗来了个一百八十度大转弯，风格全变了，“亲小人，远贤臣”，把当时国内的一帮有志青年的腰全闪了！

唐玄宗可不管那些，在他的努力下，朝廷后来又集齐了“天宝三害”，这里面都有谁呢？李林甫、杨国忠、安禄山。都说一颗老鼠屎可以坏了一锅汤，这仨人凑一起，后果可想而知。

这篇文章重点说说安禄山。说起安禄山，大家脑海中可能首先就会浮现出一个野蛮粗鲁、四肢发达、头脑简单的胡人形象，但实际上这个人的花花肠子可多着呢，能把唐玄宗忽悠得找不着北。而安禄山之所以能够得到唐玄宗的喜爱，也跟他在忽悠方面的造诣密不可分。

话说，743年正月期间，初次入朝的安禄山就凭借着给唐玄宗讲神话传说，得到了圣宠。不过，别人讲神话传说都是当假的说，可安禄山当真的说，而且说得特别真。

那么第一次见面，安禄山给唐玄宗讲了什么故事呢？

他说，自己在营州任都督的时候，曾发生过一件事。营州是唐朝在东北地区设立的唯一的内地型府州，也是东北边疆的军政重镇。安禄山讲的事情就发生在这个地方。

脑洞剧场

安禄山说："有一天，在我们那儿，突然出现了铺天盖地的蝗虫，把庄稼糟蹋得不成样子了，百姓们苦不堪言。我心急如焚，于是就赶到郊外，点上香烛，对天祈祷。如果我对陛下不忠，那就让蝗虫来吃我的心吧；如果我没有辜负陛下，那就让蝗虫消失吧！陛下，您猜怎么着？臣刚刚祈祷完毕，突然从远方飞来了一群红脑袋、黑身子的神鸟，一会儿就把蝗虫吃了个干干净净。”

唐玄宗听了很开心，心想：“没想到这个看起来五大三粗的安禄山，居然还有这种能量。”

反正我们也没法知道安禄山讲的版本还能有多少细节，总之他把这个故事讲得精彩至极，最后唐玄宗还真信了，觉得安禄山一定是对自己忠心不二，不然怎么会突然出现那么多神鸟？于是，唐玄宗将他视为心腹之人，之后，又命他兼任范阳节度使等职。

745 年，心腹之人安禄山又来京城长安朝圣。在唐玄宗为他举办的欢迎晚宴中，安禄山决定必须要让自己的忠诚形象更上一层楼。于是，他扑通一下就跪在了唐玄宗的面前，信誓旦旦地说了一段话。

这段话就记录在《安禄山事迹》里面：“臣蕃戎贱臣，受主宠荣过甚，臣无异材为陛下用，愿以此身为陛下死。”意思很直白，陛下您老人家这么爱我这个蕃戎贱臣，我虽然没什么本事，但是我愿意为您去死啊。

可奇怪的是，虽然安禄山对唐玄宗奉若神明，但他对将来的皇帝——太子殿下却不行拜礼。见了太子李亨跟不认识一样，太子在他那儿，就是最熟悉的陌生人。

唐玄宗还特意给安禄山引荐，说：“这是太子，将来的皇帝，朕百年之后，要传位给他。”

可安禄山却说：“臣是愚钝的胡人，只知道当今陛下您，不知道还有太子，臣罪该万死。”

这个马屁拍得唐玄宗都要飞起来了，当时唐玄宗正好对太子有猜疑之心，所以安禄山这番话说完，唐玄宗非但没怪罪他，反而对他更加信任。安禄山趁机请求做杨贵妃的养子，唐玄宗答应了。后来，唐玄宗又让安禄山与杨贵妃的兄弟称兄道弟。

唐玄宗把安禄山当作心腹之人，可安禄山最后成了他的心腹之患。

755 年，安禄山造反了，早有准备的叛军把措手不及的唐军打得四散奔逃。

最后没办法，唐玄宗只得放弃长安，逃往巴蜀地区。第二年正月初一，安禄山自称“大燕皇帝”。他称帝有两个目的，一个是他确实早就想当皇帝了，还一个原因是他有眼疾，视力不太好了，他想冲冲喜。结果喜没冲出来，把自己给冲瞎了，双目失明。

失明之后的安禄山脾气变得越来越暴躁，性格也越来越多疑。后来，他经常对自己的心腹之人李猪儿发火，不仅恶语相加，还拳打脚踢。于是，李猪儿开始心生怨恨，到最后，安禄山也被自己的这个心腹之人给害死了。

唐玄宗被安禄山搞得国破家亡，而安禄山也因为李猪儿命丧九泉。一个人到底是自己的心腹之人，还是自己的心腹之患，还真得擦亮眼睛看。

8 苏玄明、张韶

这样谋反很搞笑

唐朝末年，有一种“特产”很出名，那就是农民起义。为什么要起义呢？肯定不是为了锻炼身体。想做有氧运动，大家可以去种地，用不着做起义这种搭上身家性命的事。

起义主要是因为老百姓也是实在没有办法了，村里能动的家禽都吃完了，树皮也已脱销，没吃没穿，想找点树皮吃还得托人，走投无路之下只能玩儿命。

看看历史中的农民起义，不难发现，都是在老百姓实在过不下去了的时候才发生的，但凡有一点儿办法，大家都愿意老老实实干活、吃饭。这些起义，基本上都是有所图的，要么是皇帝这差使你干不了我来吧，要么是想讨个说法。但是有一起农民起义并不是出于这些目的，后世的学者研究来研究去，最后给研究乐了。

唐敬宗李湛统治时期，在都城长安，有一个叫苏玄明的算命先生，他跟一个染坊的工人张韶关系不错。

有一天晚上，两人去喝酒了。苏玄明突然跟张韶说："兄弟，我刚才给你算了一卦。"苏玄明说的话，就记录在《资治通鉴》第二百四十三卷里。"我为子卜，当升殿坐，与我共食。今主上昼夜球猎，多不在宫中，大事可图也。"

苏玄明说的是，我算定你有一天会坐在皇帝的宝座上，跟我共同进餐。现在，皇帝日夜不停地打猎玩球，很少在皇宫，这正是你的机会。

张韶听完苏玄明说的话，点点头："有道理！"他立刻召集了一百多名染坊工人和街头无赖，把兵器藏在制作染料用的紫草里，装上车，朝皇宫进发。

一群人还没到达目的地，就被巡逻的禁卫军发现了破绽。有个士兵发现车子有点儿不对劲，就拦下来询问。

张韶心虚地把那个士兵给杀了，然后他让众人换了衣服，拿起武器，大声喊叫着向皇宫冲去。这一冲，还竟然真就冲了进去。

当时，“体育爱好者”唐敬宗正在宫里与一群太监打球，玩儿得正高兴时，看见一群人闯进宫来。大家被吓得魂不附体，唐敬宗被太监护送到神策军大营里躲了起来。

脑洞剧场

只见张韶一群人进了大殿，张韶坐上皇帝的宝座，然后就招呼苏玄明一起吃东西，一边吃一边说：“你小子可以啊，算得真准！原来我怎么没看出来呢？”然后继续吃，吃一会儿，夸一会儿，吃一会儿，夸一会儿，可就是没下文。

苏玄明这心里头可急了，心想：“不对啊，下面应该还有话才对啊？比如，怎么稳定时局，册封官职什么的，这半天了，他一个重点都没说啊，光吃饭了。”

苏玄明赶紧问：“就这样了？”

“……对！”

“后面呢？”

“没啦！赶紧吃吧，吃完了还得回去染布呢。”

就这样，俩人在那愣了几秒钟，张韶转身就跑。正好遇上保卫皇宫的军队赶来，张韶、苏玄明和一群追随者全被杀了。

这就是著名的苏玄明、张韶谋反事件。从历史记录来看，他们称得上是国内最早的无厘头实践者，最有游戏精神的人。

张韶为了验证朋友的一个预测，赔上了身家性命。可怜苏玄明一身抱负，最后却因没有和张韶说明白去皇宫里吃饭是怎么回事，而白白赔上了性命。这个故事告诉我们，沟通诚可贵，友情价更高，朋友不靠谱，不如卖红薯。

9 李存勖

一位被伶人耽误的帝王

在唐朝以后的五代时期，曾经有一个叫作后唐的政权，虽然这是一个短命的王朝，但它也有辉煌的曾经。

后唐政权的建立者就是李存勖。在李存勖还年幼的时候，似乎命运之神就在他脸上打上了“我能成功”的标签，不管谁见了他，都认为他长大以后定然不平凡。

首先看出这一点的就是他的父亲李克用。话说有一次李克用出征，大胜凯旋，回来之后也没有什么别的庆祝方式，就带着一帮人来到三垂岗打猎。三垂岗是座奇山，位于现在的山西省长治市附近，也叫三垂山。

据说，当年李克用在山上摆下酒宴，和众人一起听伶人们演奏一部叫《百年歌》的曲子。这部曲子把十年归为一部分，唱尽人生从幼到老的悲欢离合。而当唱到老年的时候，声调已经变得极为苍凉，大家听得心情郁闷，都觉得听完这首歌之后老了好几岁。

这时候，李克用看到了自己年仅五岁的儿子李存勖，指着孩子笑道："老夫虽然壮志未酬，但二十年后，他肯定会和我一样在此地征战，并且最终完成我的大业！"

果然不出李克用所料，刚刚年满十一岁的李存勖就已经能和他出去打仗了。有一次得胜归来，父子二人还得到了唐昭宗李晔的接见。唐昭宗一见到李存勖，也看出了他的不同寻常。

这件事就记录在《旧五代史》中。"昭宗一见骇之，曰：'此儿有奇表。'因抚其背曰：'儿将来之国栋也，勿忘忠孝于予家。'"这段话的意思是说，唐昭宗看到李存勖之后，很惊讶："这个孩子长得不错啊。"唐昭宗抚摸着李存勖的后背接着说："孩子啊，你将来可是国家的栋梁，千万别忘了忠心报效国家。"

《北梦琐言》里还记载着唐昭宗对他的一句评语，说"此子可亚其父"。意思是说这个孩子以后一定比他父亲强，所以后来李存勖又多了一个名字，即李亚子。

事实证明，后来李存勖果然是超过了李克用，而且是全方位、立体式的超越。

李存勖的父亲李克用，没有什么别的特长，就是一介武夫而已。李存勖可不一样，他几乎是文武全才，不仅从小善于骑马射箭，而且特别注重文化方面的学习，喜欢历史和兵法。在艺术方面，他还精通音乐，喜欢听戏、演戏。就是这么一个全能型人才，想看他发光发热，接下来需要的仅仅是耐心而已。

907 年，李克用、李存勖父子俩最大的敌人朱温篡唐称帝，建立了后梁。第二年，李克用就病死了。临死时，他把自己的儿子李存勖叫到身前，交代后事。

脑洞剧场

李克用："咳咳咳咳……儿子，爹快要不行了。"

李存勖："爹，不要啊！孩儿离不开您啊！"

李克用："你轻点儿，轻点儿抱我，你这样我喘不上气来。"

李存勖："爹，您想让孩儿怎么做？"

李克用："你先把胳膊松开，我就告诉你。"

李存勖："好！爹，您说吧。"

李克用："我有三个愿望，你一定要答应我。"

李存勖："好吧，好吧，我答应您了。"

只见李克用拿出三支羽箭说道："第一支箭，是要你讨伐刘仁恭，不攻下幽州，黄河以南就不可能拿下；第二支箭，是要你打败契丹，耶律阿保机背信弃义，你要替我收拾他；第三支箭是要你消灭朱温。你能完成我这三个愿望，那我就死而无憾了。"

上面这段是我编的。但是历史上，李克用的确在临死之前，给了李存勖三支羽箭，而且也说出了上面这三个愿望。

据说，得到这三支羽箭之后，李存勖就把它们供奉在家庙里，每次出征前，都要派人把它们取来，带着上阵，打了胜仗之后，再送回家庙，表示他完成了任务。李存勖果然没有辜负他父亲的嘱托，913 年，他攻破幽州，活捉刘仁恭、刘守光父子。九年后，他又大破契丹，将耶律阿保机赶回了北方。923 年，建立后唐后，他更是直接灭掉了后梁。

就这样，经过十多年的征战，李存勖终于完成了父亲的遗命，又灭亡了前蜀等。后唐一时风光无二。

事业发展到了这个地步，我想大部分人面对相同的情况，心里都会有些许膨胀，这很正常。在这一过程中，把心态调整好了的人，可以继续平稳上路；没调整好的那些人，可能就要大变样了。

李存勖就属于心态没调整好的那部分人。

李存勖喜欢听戏、看戏，精通音律，喜欢填词写谱，不怕吃苦。几件大事搞定了之后，李存勖点点头："终于可以过自己想要的生活了。"

在古代，伶人的地位一般都很低下，人们都瞧不起他们。古代社会按职业分人的高低贵贱，现在常说"行行出状元"，古代可不是这样，人是分三六九等的。

按照民间的说法，像唱戏这些职业都是属于下九流的角色，而且下九流里面也有等级划分，有一种说法是，一修脚，二剃头，三从，四班，五抹油，六把，七娼，八戏，九吹手。也就是说，一共九个档次，唱戏的排第八，第七是娼妓。大家对比一下，就知道伶人的地位有多低了。

但是自从李存勖登上帝位，伶人们就迎来了黄金时代，他们的地位一下就上去了。

李存勖曾经有一个宠爱的伶人名叫周匝，后来他不小心被后梁朱温的人给抓走了。李存勖灭掉后梁后，立刻就把周匝解救出来。李存勖见到他高兴得不行了，二话不说，赏赐！

脑洞剧场

李存勖："爱卿，你在后梁一定受了不少苦吧？"

周匝："陛下，您是不知道，后梁那边太不专业了，一天让我唱好几段，中间还不让我喝水。"

李存勖："我的天啊！他们太不尊重艺术了。"

周匝："陛下，要不是因为陈俊和储德源帮助我，我可能就没法活着回来了。"

李存勖："哎呀呀！久仰大名……他俩是谁？"

周匝就此细说，而且提到想报恩，他为这二人求州官。李存勖很开心，答应周匝的请求，封陈俊和储德源为刺史。

人都没见着呢，仅仅是因为这两个人救过自己心仪的伶人，就要封官，这是不是有点儿太草率了？

果然，跟李存勖一起出生入死的大将郭崇韬就开始劝谏：“陛下，和您共同作战夺取天下的人，都是杰出的忠诚勇敢之人。现在大功刚刚告成，一个人都还来不及封赏，却首先任用伶人举荐的人为刺史，这样恐怕会失去民心啊。”于是，这两个人没能当成刺史。

可是过了一年，周匝又多次在李存勖面前请求。李存勖就去给郭崇韬做思想工作：“你看，我已经答应周匝了，我也很为难。你的话虽然有道理，但是你就当看我的面子吧。”最终，李存勖还是任命陈俊为景州刺史，储德源为宪州刺史。李存勖对伶人的宠爱可见一斑。

据说，在后唐庄宗李存勖的手下，伶人转行当官的例子比比皆是。如果你是一名出色的伶人，恰巧又是一个后唐的子民，那么恭喜你，你的仕途可能通畅无比！

伶人想当官，请认准李存勖。见到他之后，来一段出色的才艺表演，分分钟让你华丽转身。

李存勖很宠爱伶人，给他们高官厚禄，一流待遇。

伶人
周
边
边

时间久了，伶人一个个也开始牛得不行，恃宠而骄，傲视群臣。大臣们有的是敢怒不敢言，有的反而开始巴结这些人了。一时间，伶人成了香饽饽，一些人开始想尽办法贿赂他们，以求富贵。

在这些伶人里面，有一个叫景进的人做得尤其过分。

当时，李存勖想要用伶人当作耳目，为自己传递消息。他想打听宫外面的事情时，经常会问这些伶人，特别爱问景进。

可他不知道，景进毫无做人的标准。谁要是对他好，他就夸谁好；谁要是对他不好，他绝对不会让他好。于是，景进对李存勖大进谗言、干预朝政，文武大臣都畏惧他，就这样，伶人渐渐和贪官污吏们勾结在了一起。

作为皇帝的李存勖，经常会把伶人放在国家机构里比较重要的位置。而说到被李存勖极为重视的景进，有件事就不得不提。这件事就记录在《新五代史》当中："庄宗初入洛，居唐故宫室，而嫔御未备。……其后幸邺，乃遣进等采邺美女千人，以充后宫。"

也就是说，李存勖刚刚定都洛阳的时候，后宫还比较空，可能宫里面整天空荡荡的，说话都带回音，后来就有了后宫里面闹鬼的传说。

李存勖就问："闹鬼这件事儿怎样才能解决啊？"

有人就出主意，说原来唐朝的时候，这后宫里的女人足有万人之多，如今闹鬼这个事还得用人来解决，后宫里有了人气，闹鬼的问题自然就解决了。

李存勖点点头："为了让后宫不再闹鬼，朕也就只好充实后宫了。"

李存勖把这件事情派给了景进等人。结果景进带着一帮人打着皇帝的旗号，做了好多坏事儿。后来，景进等带着上千女子从邺地浩浩荡荡地来到了洛阳。

这样的王朝注定不会长久。后来，在这些黑心伶人的努力下，再加其他恶政，李存勖不仅失去了民心，也得罪了手下，手下们一个个发动叛乱。而最讽刺的是，对伶人关爱备至的李存勖，最后因一个伶人郭门高的反叛而死。《左传》说："君以此始，必以此终。"只是不知道李存勖是否曾料到，自己是这样的结局呢？

10 李煜

一半幸运星，一半倒霉鬼

喜欢历史的人可能会发现，古代有很多高人都曾经钻研过一本叫作《易经》的书。有人从里面悟出了兵法，有人从里面悟出了哲学，有人从里面悟出了为官之道，还有人从里面悟出了一个道理，那就是，看不懂就是看不懂。

其实，《易经》传达了一种观点——事物的发展是有一定规律的。如在身处巅峰之后必然会走下坡路，而当你身处人生谷底的时候，后面也许会走向巅峰。南唐后主李煜的人生就为我们证实了这个道理。

提到李煜，很多人都会先想到他写的词。他是婉约派的代表人物之一，但这对于李煜来说是很悲哀的，要知道他的主业毕竟是一国之主，人们不夸奖他的治国能力，却只夸奖他的文学造诣。

可李煜也不能怪人们只关注他写的词，因为他治理国家确实没什么成绩。这还得从头说起。

不得不承认，李煜一开始的确是个幸运儿。生在皇家，不愁吃穿，而且在家里排行老六，与世无争。这才使得他有足够的时间来填词作画，提高文学修养。

古时候，君主所立的太子一般是嫡长子，李煜的大哥李弘冀当仁不让。这不仅仅是由于他的出生日期最靠前，还因为他有卓越的军事才能。李弘冀年少时，就曾经在抵御别国入侵的战斗中建立了赫赫战功，在军中的威望十分了得。

可是皇位的继承者还未必是李弘冀，理论上，在他的前面还有叔父李景遂在前面排着队呢。之前，南唐中主李璟（也就是李煜的父亲）曾经发过一个誓，说皇位继承实行兄终弟及，意思是他死后将由他的弟弟李景遂来继承皇位。

所以对于李煜来说，南唐皇位的继承顺序应该是这样的：叔叔、大哥、二哥、三哥、四哥、五哥。按理说，李煜已经算是注定与皇位无缘了，而且李煜本人也是个文艺青年，对皇权这种东西不太上心。可命运总是喜欢在你意料之外的情节里延伸开去。

没过多久，他二哥就死了，接着是三哥、四哥、五哥。这之后，李煜便成了实际上的老二。这局面就变得比较微妙了。

疑心特别重的李弘冀成为太子后，更怀疑李煜要跟自己抢太子之位。李煜因此坐卧不安，想尽办法证明自己对权力没有任何想法。如他没事儿就给自己取个别称，像“钟隐”“莲峰居士”，就是为了表达自己想做一个专业隐士的纯洁愿望。

可是即便如此，李弘冀似乎对他还是不放心，为什么呢？因为李煜的相貌实在不凡，古时候把李煜这样的长相叫作“帝王之相”。

这件事就记录在《新五代史》当中：“煜为人仁孝，善属文，工书画，而丰额骈齿，一目重瞳子。”意思是说，李煜仁爱孝顺，善写文章，精通书画，而且长得很有特点：宽额、骈齿、重瞳。宽额不用多说了，天庭饱满，额头很宽。骈齿就是长得很整齐的龅牙。重瞳就是一只眼睛里有两个瞳孔。

在古代，长成这样就是圣人之相。而根据史料记载，在李煜之前，五帝之一的舜帝和项羽也都长着这样的眼睛，所以大家就觉得长这样的一定不是凡人。李弘冀也是这样想的，每次他看到李煜的眼睛，都隐隐感到不安，对李煜更是严加提防。

脑洞剧场

李煜："哥，你老看着我干什么啊？"

李弘冀："怎么啦？嫌我烦？是不是要夺我的太子之位？说！"

李煜："我不是这个意思，可是……"

李弘冀："可是什么？难道哥哥就不能跟弟弟亲近一下吗？"

李煜："可以是可以，但是你也不能全天24小时亲近啊。"

李弘冀："我没有，我偶尔也睡觉的。"

李煜："可是哥，我还想给你留个好一点儿的印象。"

李弘冀："没关系，我对你的印象本来就不好。"

李煜："好吧……哥，我求求你，先给我两分钟好吗？"

李弘冀："你要干什么？是不是要夺我的太子之位？！"

李煜：“我只想出厕所，我腿都蹲麻了。”

上面是我编的，下面说真的。

总之，李弘冀一直没有完全放弃对李煜的猜疑。与此同时，他还派人毒死了他的叔叔，以稳住自己的地位。

可他千算万算，没算中这事会让他父亲知道，这差点儿没把李璟气死。李璟二话不说，把李弘冀的太子之位抹掉了。没过多久，李弘冀也去世了。连叔叔带前面的五个哥哥全都驾鹤西游了。此时放眼望去，能继承皇位的也就只剩李煜。

万万没想到，李煜最后幸运地成为南唐的君主，估计连李煜都感到很意外：“这都能轮到我啊？！”

既然皇位躲不了，李煜想了想，也得有所表示，就在继位之后把名字从李从嘉改成了李煜。“煜”是明亮的意思，不为别的，李煜想让自己发光发热，照耀祖国的大好山河。紧接着，李煜为了进一步赢得民心，还大赦天下，一时间，南唐似乎是一片生机勃勃。

理想虽然丰满，可是现实却总免不了骨感。李煜就算再努力也没有用，他的运气已经用光了。而他父亲李璟给他留下的，并不是可以传承千秋万代的基业，而是千疮百孔的烂摊子。那时的南唐早已经开始向后周称臣纳贡了。

由于李璟常年对外征战，李煜即位的时候，南唐的国力事实上已经削弱了不少，国库里也没几个钱了，想找到钱，得挑眼神最好的人顺着墙缝找。但是李煜没有放弃，即便国库空虚，他还是诏令减免税收、免除徭役，希望通过这样的方式，让老百姓休养生息。

除此之外，李煜还勤于政事。这在《新五代史》当中就有所记载："命两省侍郎、给事中、中书舍人、集贤勤政殿学士，分夕于光政殿宿直，煜引与谈论。"

意思是说，李煜常常命令一众官员分批到光政殿值夜班，李煜在那轮流陪他们聊天。官员们是轮流值班，李煜可是一直在岗。作为帝王，大晚上的不睡觉，把一帮官员叫来聊天，绝对不是为了喝啤酒、拉家常，聊的应该是国家大事。

李煜也清楚，想让一个积弱的国家咸鱼翻身，这个国家就必须要改革，要有真正的人才帮助自己完成力挽狂澜的计划。他首先就为自己锁定了一个宰相的人选，此人名叫韩熙载。

韩熙载应该属于资深官员了，从李煜的爷爷那辈儿就开始跟着他们家干。南唐政权一共传承三代，韩熙载几乎是从头跟到尾，这样一个三朝元老级别的人物，自然有他的生存之道。在李煜的眼里，韩熙载的优点就是身负才学，敢于直言。

可是宰相这个职位毕竟太重要了，不能仅凭印象说封谁就封谁，韩熙载虽然是三朝元老，也得派人考察一下。于是，李煜就开始派人通过各种各样的方式来考查韩熙载，这一考查就出了问题。

手下们带回一张图来，这张图就是后来著名的《韩熙载夜宴图》，里面描绘的是韩熙载邀请朝中官员，和家里面养的数十名乐伎一起宴饮的场面。

李煜知道这件事后相当生气，宰相肯定是不能让他当了，还降了他的官。这下，韩熙载不淡定了，马上遣散自己家里的乐伎。李煜听说后，可高兴了，心想："迷途知返，得给他条出路。"于是，韩熙载又官复原职。可这边韩熙载刚刚官复原职，那边被遣散的乐伎又都悄悄回来了。

没过多久，韩熙载就去世了，李煜不禁感叹："我终究还是没能让韩熙载成为我的宰相。”

好运始终都没有回来，李煜也始终都没有得力的助手，加上李煜本人能力也一般，想好的变法、改革终究只能是空谈。

宋太祖赵匡胤其实一直都对李煜有所防备，在赵匡胤的心里，李煜就不像个老实人。

《宋史》对李煜就有这样的评价：“虽外示畏服，修藩臣之礼，而内实缮甲募兵，潜为战备。”意思是说，李煜虽然表面上对外示弱，向赵匡胤称臣，但实际上他一直在为将来的战斗做准备。

可惜的是，他的对手是赵匡胤，如果换作别人，兴许还会给他一个卧薪尝胆的机会。但赵匡胤不是别人，他是不会给李煜机会的。

李煜这边一般也很配合，宋朝出兵打了胜仗，逢年过节，他都得进贡巴结一下。年年进贡、岁岁称臣，长此以往，对于李煜来说，最后的结局几乎是注定的——城陷被俘，南唐国灭。

我们能看到很多关于李煜亡国的评论，有说是因为他的大周后、小周后，也有说是因为他礼佛、填词，还有说是因为他放弃挣扎……

可这些亡国的理由，我不敢苟同。的确，李煜有很多的问题，但当我看过这段历史之后，我感受到了，他曾经也努力过。世界是残酷的，虽然成功需要努力，但努力并不一定能成功。

总之，南唐亡国是多种原因造成的。李璟常年对外征战，没有打好基础；李煜自己能力有限，难做强势君主；他的对手太强大了……

而在君王权力的斗争中，失败者从来就没有好结局，而李煜的结局显然更加悲惨。他心中的愁苦，用一首《虞美人》又能道出几分？

春花秋月何时了，往事知多少？
小楼昨夜又东风，故国不堪回首月明中。
雕栏玉砌应犹在，只是朱颜改。
问君能有几多愁？恰似一江春水向东流。

春花秋月何时了
往事知多少
小楼昨夜又东风
故国不堪回首月明中
雕栏玉砌应犹在
只是朱颜改
问君能有几多愁
恰似一江春水向东流

11 赵匡胤

能导能演的皇帝

一部好看的影视作品单凭一个好演员是撑不起来的。它首先，需要一个好剧本；其次，需要整个剧组的通力配合，主角要独领风骚，配角也要分外妖娆。

纵观历史，但凡能成大事的人，身边总得跟着好几个“配角”，他们专心搭戏，不提工资，吃苦耐劳，不要盒饭。“导演”说哭，他们就哭；“导演”说笑，他们就笑。

在古代，存在过不少出色的“导演”，他们有实力，还会导戏，也会演戏，在他们出色的指挥下，历史也被改写了。

一提起宋朝的建立，就绕不开陈桥兵变和黄袍加身。而赵匡胤如何“导演”了这出戏，我就要从头说一说了。

按照史书一贯愿意给帝王的身世增加传奇色彩的特点来看，赵匡胤登基称帝简直就像上天提前内定的，他出生的场景就非同凡响。

他降生时，也是天降异象，让人们觉得他以后一定是个成大事的人。

长大之后，赵匡胤更厉害了，器宇轩昂，为人豁达，一看就不是普通人。学习骑马射箭，他总是超过其他人。

话说，有一次他骑一匹烈马，也不给马套上笼头。烈马跑到登城楼的斜道上，咣当一下，他的额头就撞在门楣上了，人也从马上掉下来。大家还没来得及过去瞧个究竟，赵匡胤一下就蹿了起来，继续追马，追上后又跳上马背，也没有受伤。

还有一次，他跟同僚在屋里下棋，忽然看到有麻雀在屋外打斗，赵匡胤就去捉麻雀。可他刚出屋，屋子就倒塌了……

人们都说他有福气，有福气到什么地步呢？

话说，后汉初年，赵匡胤到处游历，也没有找到好的住处，便住在襄阳一座寺庙里。

这庙里有个老和尚，他有一个特长，那就是善于看相。他看到赵匡胤之后，一下就激动了，对赵匡胤说：“我把我的财产全部资助给你，你往北去会有奇遇。”

赵匡胤就听了老和尚的话，带着他给的钱向北而行。到了北方，他就投靠了后汉枢密使郭威，之后随郭威屡立战功，后来郭威建立了后周。

再后来，郭威的养子周世宗柴荣继位，赵匡胤在后周的官做得也是越来越大。到柴荣驾崩时，赵匡胤已经官至检校太傅、殿前都点检。

当时，后周的情况很微妙，继位的周恭帝柴宗训才六岁，主少国疑，形势十分复杂，好像谁都能做主，又好像谁都做不了主。也许就在这时，拥有重兵又被升为检校太尉的赵匡胤，心态发生了变化。他准备之后，“机会”来了。

960年正月初一，后周的都城东京，也就是现在的河南省开封，正沉浸在一片欢乐的气氛中。忽然传来紧急的军报：割据山西的北汉，联合契丹人向后周发动了进攻。

怎么办？只有迎战。

谁去？朝中大臣互相推诿。

“你去。”

“你去。”

……

场面一度非常混乱，当时柴宗训也六神无主，仓促之下，便只能压下之前对赵匡胤的猜疑，让他带大军北征。

这正中赵匡胤的下怀。

其实，赵匡胤早已开始他的表演了。他一边扮演着忠臣良将，一边为之后的行动做准备。不仅如此，他还安排亲信在京城散布流言：“赵匡胤要成为天子了，我的天啊！”老百姓心想：“要出大事儿了！”

做完这一切之后，赵匡胤便带着部队低调出发了。赵匡胤清楚，现在还不是时候，因为这场戏光自己演可不行，还得找帮手，所以接下来就是“配角”的登场时间了，此时的他们正面带微笑，款款走来。

从何处开始着手呢？首先登场的是一个神棍。

在历史上，这种方法是极其盛行的。刘邦也得有斩白蛇的经历。斩完了，有人看见一老太太在那哭，便问她为什么哭。她说："我儿子被杀了，他是白帝的孩子，化作一条白蛇，赤帝的孩子嫌我的孩子挡了他的道，就把我的孩子给杀了。"所以后来，刘邦才能称帝，汉朝才有前后两段。

陈胜、吴广发动起义也有样学样。他们在晚上设了篝火，后来又派人学着狐狸的声音喊"大楚兴，陈胜王"。虽然咱也不知道狐狸说人话是什么样的。

赵匡胤也是不能免俗的，他也早就准备好了一个合适的人选，这个人就是禁军军校苗训。

据《宋史》记载，苗训是一个会观星象的行家。观今夜天象，知天下大事。这样的人在当时本来就有一定的影响力，再加上他有一些军权，所以他的"表演"还是很有分量的。

那么，他是怎么做的呢？当然是从天象说起。不过为了稳妥，他还找了一个"托儿"，此人便是赵匡胤的心腹幕僚楚昭辅，他的说辞也必然是对赵匡胤有利的。于是，当天的表演就这样开始了。

开拍

苗训一上来就喊："奇迹，绝对是奇迹！"

楚昭辅："大师，怎么了？"

苗训："你看，天上居然有两个太阳！已经很久了。"

楚昭辅："天上为什么会有两个太阳呢？难道是当年后羿射日，忘射了一个吗？"

苗训："当然不是，这预示着我们身边有人会变得像太阳一样。"

楚昭辅："那不就是赵匡胤吗？每次我看他都觉得格外刺眼，抱一下还觉得烫呢。"

上面这段是我编的，下面说真的。

史书记载，这俩人一唱一和的，还真把众人给蒙了。从此以后，大家都在心中认定，赵匡胤就要当皇帝了。一时间，众人议论纷纷，大家心想："既然如此，干脆就立赵匡胤当天子好了。"兵变便从这个时候开始了。

不过，此时的情况还比较混乱，众人的意志并没有充分统一。就在这个关键节点上，又有一位优秀的"演员"登场了，此人便是以"半部《论语》治天下"而闻名的赵普。

众将说："我们回京城吧，推举赵太尉做新君！"

赵普说："这事急不得，这可是要杀头的。"

众将很快接话："那算了。"

赵普又赶紧引导，我们还是先去抵御外敌，然后再说其他的事。

这下把大家的怨气又挑起来了。谁都清楚，现在朝堂一片混乱，都不知道听谁的了，将士在外面拼命，小皇帝柴宗训长大了都未必记得。

某天黎明，将士们全副武装集合于陈桥驿的门外。这时赵匡胤还没有起床，可他弟弟赵匡义察觉到了，赶紧禀告赵匡胤。

其实，赵匡胤早就知道了，他表演的难点是要装作不知道的样子。

赵匡胤出门一看，众将士刀剑已出鞘，他便正色道："你们拿刀剑……准备做什么？"

众人说道："诸军无主，愿奉太尉为天子。"赵匡胤还没来得及说话，已经有人把黄袍强行披在他的身上了，接着大家伏首跪拜，山呼万岁。

赵匡胤本来还想抗拒一下，说："我不要！"可众人仍旧强行把他架到马上，逼他回京城。

赵匡胤一看，大家的情绪酝酿得差不多了，于是他他勒住马，威武雄壮地扫视了一下四周，说道："这可是你们逼我的。你们贪图富贵，强行立我为天子，那就得听我的话，如果不听我的话，那我可不干了。"

众人赶紧说："我们都听您的，您就说怎么办吧。"

赵匡胤说道："那好！进城之日，不能侵犯国家的府库，不能抢夺百姓的财物，事成之日可以奖赏你们，如若不然，就诛杀你们。同意吗？"

大家都说："同意！"

于是，赵匡胤带着队伍回到了京城，不到一天，帝业就成了。

此刻，赵匡胤还不敢放松。为了拉拢前朝文臣们的支持，这戏他还得接着演。这回他使用的是苦情计。

一般来说，遇到改朝换代，文臣还是有些傲骨的，为了显示自己的忠心，最差也是要辞职的。可赵匡胤认为，不能放过他们。这些文臣要是全跑了，谁来帮自己管理国家啊？要知道他手下人的文化水平，都不足以支撑他的政权走得长远。

于是，赵匡胤就开始跟文臣哭诉："都是他们逼我的，我说我不干，他们非让我干，我真是不愿意当皇帝，可是我也不能辜负老百姓，请你们为我拿拿主意吧！"

人心都是肉长的，一说到百姓，文臣们的心也软了，于是他们归附赵匡胤就成了顺理成章的事。

从此以后，赵匡胤才算初步稳定了局势。

这下他可以松口气了吗？还不行！后面还有杯酒释兵权呢！

12 呼延赞

这个将军有点儿不寻常

宋朝重文轻武，能培养出来一个名将非常不容易，但后来还是出现了流传千年的杨家将的故事。你可能不知道，其实还有比杨家更厉害的武将世家。

评书界里有“金呼家，银杨家”的说法，还有一个排名是“呼杨高郑”。无论怎么看，呼家都应该是排名第一的武将世家。

呼家真的有这么强吗？那让我们看看这位呼家的将军。说起这位将军，他有点儿不寻常，首先就体现在名字上。他复姓呼延，单名一个赞字，呼延赞。大家想想，这是对家族姓氏多么强烈的认可。

他还有四个儿子，名字也都很有特色，必兴、必改、必求、必显。四个儿子的全名连在一起，特别像口号。“呼延必兴！呼延必改！呼延必求！呼延必显！”透着浓浓的励志味道！

其实在历史上，呼延赞以作战勇猛著称，真的是一个很厉害的人，而他最大的功劳要数北宋征伐北汉的太原之战。

为了打好太原之战，宋太宗赵光义御驾亲征。对于这场战斗，大家信心满满、志在必得。宋军攻到了太原城下，结果却碰了钉子，遭到了北汉军队的疯狂抵抗。

于是，宋太宗命令部队发起了数次冲锋，却依然没有成果。就在这时，作为铁骑军指挥使的呼延赞站了出来。《宋史》记载：“(呼延赞)从征太原，先登乘城，及堞而坠者数四，面赐金帛奖之。”

只见呼延赞毫无惧色地冲向城头：“让我来！哇呀呀呀！”然后，他以迅雷不及掩耳之势摔了下来……

可呼延赞的字典里就没有“放弃”这个词，他又坚强地爬上了城头，又让人给踹了下来，再爬上去，再摔下来，如此反复地爬上来，摔下去，再爬上来，北宋的士兵们都惊呆了。

在呼延赞的不懈努力下，他终于登上了城头，大吼一声："冲啊！"宋军士气顿时大振，一举拿下了太原城。

对于这样一个敢打敢拼的将领，宋太宗自然是很喜欢："不错，骁勇善战，功夫好，体格强韧，打不死。朕很喜欢你啊！"这个人必须得提拔一下。

平定北汉之后，过了几年安定日子，呼延赞就有点儿坐不住了。

他是真想打仗了，做梦都想上战场，他觉得自己只有在战场上才能实现自我价值。于是，他给皇帝呈送了一封请战书，请求被调往前线守卫边疆，随书附赠他准备攻打契丹的计划书。

宋太宗看了之后，貌似很有兴趣。老骥伏枥，志在千里。于是，他召见呼延赞面谈，呼延赞很开心，准备披挂上阵。宋太宗打量了一下呼延赞，欣慰地说："呼延将军，你既然想征战沙场，总要为朕展示一下将军的雄风吧。"

这把呼延赞高兴坏了，就等着皇帝这句话呢。只见他立刻披挂上马，一会儿挥动铁鞭，一会儿舞动长矛，恨不得把能用的兵器都拿出来展示。兵器到了他手中就像有了生命似的，铁鞭如蛟龙探海，长矛虎虎生风。呼延赞越耍越开心，越耍越开心，然后就开始骑着马绕着庭院跑。

宋太宗由衷地感慨道："的确是被压抑得太久啦。"

眨眼间，呼延赞就跑了三四个来回了，他低头一看，马都累了，赶紧唤来自己的四个儿子。

宋太宗定睛观瞧，呼延赞这四个儿子也不简单，个个身怀绝技。就听场上噼里啪啦、噼里啪啦，各种兵刃撞击的声音响成了一片。一家人又在那比画了半天，过了一会儿齐刷刷停手了，干净利落，不见疲态。

宋太宗打了个哈欠表示赞赏："打完啦？好！打得太棒了，赏！"他赐给呼延赞一家一些金银和衣服。

呼延赞很高兴地问宋太宗："那我们驻守边防的事儿？"

"再说吧。先回去吧，等信儿。"宋太宗不是有意为难呼延赞，而是他深知呼延赞虽然是一员猛将，但并不是一个能担任统帅的人，所以并没有答应呼延赞的请求。

可怜的呼延赞最后只能擦擦一脑袋汗，心想："耍了这么半天兵器，白耍了啊。"

宋太宗也不是没给过呼延赞机会，一直有心想提拔他，先把他提升为都军头，不久让他当了保州刺史。要知道刺史可是宋朝地方的最高军政长官，管的事也多，钱、粮、税收、治安都要管，需要极强的组织协调能力。可偏偏这些是呼延赞的弱项，他一管就都乱套了。

后来，宋太宗又让他试着管一管小一点儿的地方，当辽州刺史。呼延赞不负众望，又把辽州弄乱套了。于是，宋太宗只能让他做回了老本行——带兵。

不得不承认，之前宋太宗拒绝呼延赞的请求是有一定道理的，但是呼延赞没有发觉自身的问题，他只是对宋太宗委婉的拒绝表示心有不甘。如果不能冲锋陷阵，自己的梦想不就付诸东流了吗？他每天思索着，怎么才能让宋太宗改变决定，到底是哪里出了问题。最后得出结论，肯定是宋太宗对自己的忠心有疑虑。

怎么办？如何才能表达自己那浓浓的忠心？

经过了一番深思熟虑，他选择了文身。

岳母刺字的传说流传了近千年，《宋史》里也确实记载了岳飞身上有“尽忠报国”四个字。但这些字到底是不是岳飞的妈妈为他文上去的，并没有确切的历史记录，后人编写的传说里才有了“岳母刺字”的说法。

在刺字的问题上，呼延赞比岳飞多了些“亮点”。首先，文身这个创意就是呼延赞先想出来的，从时间上来看，他比岳飞足足早了一百多年。其次，呼延赞做得比岳飞更彻底。岳飞在自己身上文了四个字，而呼延赞呢？也是四个字——“赤心杀贼”，但他文了一身。

呼延赞使用的这种刺字方法，是宋代的一种刑罚，当时被称为“黥墨”，或“墨刑”“黥刑”。呼延赞希望能通过这种方式打动宋太宗。

可是宋太宗还是比较坚定的，文身的短期效果不是很理想。于是，呼延赞想到了自己的儿子们。有一天，呼延赞叫来儿子们，语重心长地做了一番思想工作。

脑洞剧场

呼延赞：“陛下待我们不薄，你们看看，家里的哪件东西不是用陛下发的工资买的。”

儿子们：“是是是……”

呼延赞：“我们要表达自己对陛下的感恩之情。”

儿子们：“是是是……”

呼延赞："所以，你们都得刺字。"

儿子们："啊？也刺上'赤心杀贼'？"

呼延赞："对呀。你们还得在耳后多加几个字，'出门忘家为国，临阵忘死为主'。"

呼延赞转过头来又看了看他的仆人们。这些人点点头，表示明白了，都不用吩咐，马上也刺上了"赤心杀贼"。呼家上上下下，老老少少，一大家子人，全部都刺上了同款的"赤心杀贼"。

宋太宗感动了吗？还没有。

虽然呼延赞并没有放弃，但是也总要给自己留条后路。于是，他就把部分希望寄托在儿子们身上。《宋史》说他"盛冬以水沃孩幼，冀其长能寒而劲健"。

这句话意思是说，他严厉得不近人情，在儿子们还小的时候，呼延赞就在寒冷的冬天，用刺骨的冰水不断浇在他们的身体上。他认为，这样儿子们长大以后能既耐寒，又健壮。只要略知科学，我们就知道，这样做，他儿子能不能长大还是个问题呢。

可是这并不代表呼延赞不爱孩子，人家溺爱起孩子来，也是不走寻常路。话说，有一回他儿子病了，这位好父亲居然直接从自己的大腿上割下肉来熬汤给儿子吃，说是因为人肉汤大补，孩子喝了就能痊愈。爱子之深可见一斑，但方法咱就别学了。

史官对他的评价是“知分”“性复鄙诞不近理”，意思是说他知分寸，这主要体现在他对待皇家恩典上；又说他做事有时荒诞，而且你还跟他讲不通道理，这主要体现在他对家人的态度和做法上。但是也许更多的人会说这个将军不寻常。

13 包拯

你也许不懂他的黑

在历史上，有一个很出名的官员被现代人“玩儿坏”了。他黑面无私、流芳百世，他额头中间有个月牙，但是五官实在让人看不清。在他的身边，围着英姿飒爽的七侠五义，摆着可以先斩后奏的三口铡刀。

当然啦，这些都是传说。但是这个人，大家一定已经猜出来了，没错，他就是人送外号包待制、包龙图，电视剧都拍过无数版本的包拯，包青天。

从古到今，歌颂包拯包大人的艺术作品真心不少，大家都很喜欢他。而为了突出他的肤色黑，人们也使出了浑身解数，这不是为了黑他，而是为了他的黑。

在我们的印象中，包拯的形象，应该就像传说中描述的那样。而在网络段子手的眼中，他的黑已经具备了某种隐身的能力，那真是谁也看不见。

但实际上，在真实的历史当中，包拯可没有这么黑。翻看史料，你就会发现，史书里根本就没有对他肤色的描写。毕竟，但凡一个人在体貌上有什么特点，在史书当中多少都会有所记载。

像包拯这么黑的，按照惯例，应该是不可能不说的。所以，真实的包拯应该是不黑的，甚至传说他还是个白面书生。

那么大家可能会问，为什么大家口耳相传，把包拯传成了黑脸呢？原因可能是老百姓觉得包拯是一个好官，办事一向铁面无私，特别像传说中的黑脸判官。所以，大家把包拯想象成黑脸，既是为了表达一种对公道的期待，也是对他个人的一种肯定。

自古忠孝两难全，说起包拯，享誉盛名的欧阳修对他的评价却是："少有孝行，闻于乡里；晚有直节，著在朝廷。"

为什么包拯会获得如此高的评价呢？这就要从他的童年开始说起。按其他一些“名人传记”的套路来讲，像包拯这样有抱负、有原则、有情怀的少年，似乎应该有一个充满痛苦的坎坷童年，才足以搭配他的人生。

但是包拯没有按套路来。小时候的包拯生活在一个非常幸福的家庭里，他的父亲是一个小官。虽然不是高官显贵的家庭，但总算衣食无忧。

生活在这样的家庭，不难想见，包拯从小就接受了良好的教育。在他的眼前，摆着一条大家公认的晋升成功人士的必经之路，那就是科举考试。

而作为主人公，包拯是绝对不可能输的。没错，他毫无压力地考中了进士，充分证明了自己的学习能力。这一年，包拯二十八岁，心里美美的，因为考中进士就可以当官了。后面的路，按理说他应该是要逐步走上人生巅峰了。结果，包拯这时候选择了放弃。

《宋史》里面是这样说的：“始举进士，除大理评事，出知建昌县。以父母皆老，辞不就。得监和州税，父母又不欲行，拯即解官归养。”

意思是，包拯中了进士之后，就被任命为大理评事，兼任建昌知县。这个大理评事，听着名字很大气，但实际上没什么事需要他评，这只是一个比较低的文职。但是，知县的权力还是不小的，包拯的起点也不算低。当时，包拯的父母都年事已高，在家居住，老两口不愿意让他离开家乡合肥。

为了照顾父母，包拯只好放弃知县的工作，琢磨着去一个离家近一点儿的地方当官。

向朝廷请求改任之后，宋仁宗安排他去和州，这个地方正好在安徽，离他们家合肥很近了。但是当时的交通不像现在这么便捷，来回一趟也要耗费不少时间，所以他的父母还是不想包拯去上任。

这对于包拯来说，实在是一个大考验。一个接近而立之年的人，历经千辛万苦，好不容易考取了功名，马上要就业的时候，却发现如果坚持要这份工作，父母就没人照顾了。怎么办？是赴任为国尽忠，还是在家为父母尽孝？这让包拯进退两难。

经过一番思量，包拯最后决定留下来照顾父母，他毅然辞去官职，居住在乡里，奉养双亲。父母去世之后，包拯又守孝三年，等到一切都安排妥当，才正式走上仕途。

本来渐渐模糊的理想和抱负，此时又开始慢慢清晰起来，而这一年他已经三十八岁。这个岁数应该不算小了，但这是包拯第一次真正步入官场。

无数成功者的例子告诉我们，一个真正能做出一番事业的人，一般都是对自己有要求的人。包拯对自己就有要求。他的要求看起来简单，但做到很难，他想做个好官。

开封的包公祠记录着包拯为官之初作的一首名叫《书端州郡斋壁》的诗："清心为治本，直道是身谋。秀干终成栋，精钢不作钩。仓充鼠雀喜，草尽狐兔愁。史册有遗训，无贻来者羞。"总而言之，包拯希望清正为官，不希望后人想到自己的时候觉得羞耻。

从始至终，包拯做每件事的时候，似乎都是拿自己之前作的这首诗当作标准。无论多难，他都做到了。所以在民间，包拯也逐渐成了包青天。大家开始口耳相传，包大人多么清正廉洁，多么大公无私，特别是断案的时候，他总是很有办法。

关于包拯断案的故事有很多，但在正史当中提到最多的就是"牛舌案"。这件事就记录在《宋史》里面。"有

盗割人牛舌者，主来诉。拯曰：‘第归，杀而鬻之。’”

有一天，县衙里突然来了一个告状的农夫，说自己耕牛的舌头让人给割了。这案子听起来够稀奇的，见过偷鸡鸭的，可没见过偷牛舌头的。

按理说，这个案子比较难断，世界上这么多人，谁会去偷牛舌头呢？是无意间突然想吃这道菜了，还是一直就想吃，等机会呢？这一切都不得而知。而且作案的人，要是割了牛舌之后，立刻就给炖了吃了，这事就更难办了，可能唯一的物证都已经进了嫌疑人的肚子。

可这件事难不倒我们英明的包拯。综合所有的线索，他做出了一个基本判断，这绝对不是一个简单的盗窃案。这个案子肯定是仇人干的！

包拯想了想，给农夫出了个主意：“你这样，回家之后就把牛杀了卖掉。”

农夫听后，愣住了：“包大人，您别闹了，杀耕牛可是犯法的。大人您这不是坑我嘛。”

包拯：“你别管那些，按我说的做没错。”

既然这样，农夫也没什么好犹豫的，回家就把牛给杀了，把肉放到集市上卖，总算还挽回了点损失。

可是，第二天县衙里又来了一个告状的。

“大人，我要告状！有人私自把耕牛杀了，求大人明察。”

包拯点点头，说道：“我等你等得花儿都谢啦，来人，把他给我绑起来。”

“啊？绑我干什么啊？又不是我杀的耕牛！”

包拯只轻描淡写地说了一句话：“牛舌头好吃吗？”

告状的吓得立马跪下了："好吃……"

从此，包拯能断案的名声越来越大。

不仅如此，包拯还是出了名的清正廉洁。话说，包拯曾经在端州，就是现在的广东肇庆任职，这里是大名鼎鼎的端砚的出产地。

端砚作为百砚之首，在北宋的时候就已经成为朝廷贡品了。每年端州的地方官，都要乘机从百姓身上无偿地搜刮几十倍于贡品数额的端砚，为的就是拿到京城去，和那些达官显贵搞好关系。百姓的生活苦不堪言。

包拯调任到端州后，就命令地方官吏必须按朝廷规定的数额，收取端砚贡品，不得多收，任意搜刮百姓端砚的一律严惩。包拯自己也以身作则。他在端州为官期满离任时，一方端砚都没有带走。

人有的时候就是这样，只有你行得端、立得正，说起话来才会有底气。在宋仁宗统治时期，包拯从来没做过亏心事，但是他特别爱揭露别人做的亏心事。他经常弹劾别人，而且他弹劾的还不是一般人。他敢于挑战极限，跟各种当朝权贵死磕。

据统计，在他的弹劾下被降职、罢官、法办的重要大臣不下三十人。亲信宠臣？弹劾！皇亲国戚？弹劾！工作做不好？弹劾！工作做得太少？接着弹劾！

不过，这可把宋仁宗愁坏了。有一回，宋仁宗提拔了一下自己宠妃的伯父张尧佐。

见张尧佐提拔得这么快，朝中的大臣们也感觉相当意外。

包拯心想：“这可不行！”于是，他带着几个同僚向皇帝进谏，要求宋仁宗撤掉张尧佐的职务。

宋仁宗也有自己的坚持，心想：“那可是我爱妃的伯父，我堂堂一国之君想提拔他还不行吗？我还能怕了你们？”

一帮人就吵开了。

脑洞剧场

大臣们你一言我一语，开始陈述各自的观点：“陛下您不能这样，怎么能这么任性，这么无理取闹呢？”

宋仁宗：“朕看，你们才任性，你们才无理取闹呢。今天朕这暴脾气也上来了，这事儿就这么办了！”

群臣：“陛下，您不要逼我们……再逼我们，我们就在这儿再跟您说半天。”

转眼又过了好长时间，群臣还是没有走的意思，说到激动之处，包拯还直接站到了宋仁宗面前。

宋仁宗很生气，拂袖而去。

百姓知道了这件事，都说包拯是好样的，不畏强权！后来，包拯受命担任开封知府。于是，京城里就开始流传这样一句话：“暗中行贿、疏通关系，只在两个人那里行不通，一个是阎罗王，另一个就是包拯包青天。”

包拯不仅自己这样做，而且他希望自己的子子孙孙也可以永远这样做下去。所以，他在家训中这样写道：“后世子孙仕宦，有犯赃者，不得放归本家，死不得葬大茔中。不从吾志，非吾子若孙也。”

这段话意思是说，后代子孙，如果有人做了官，却因为贪污罪而被撤职，这些人绝不能回到家里来；死了以后，也绝不允许葬在祖坟里。不顺从我的志愿的，就不是我的子孙。

1062 年，包拯因病去世，举国哀悼，虽死犹生。你也许不懂他的黑，但你一定懂他的清廉。

14 柳永

自称白衣卿相的才子词人

但凡提到宋词，柳永绝对是一个不容回避的人物，因为他是婉约词派的代表人物。他似乎对自己的定位也很明确，尤其喜欢创作各种慢词。不仅如此，他还创造了很多新的曲调。因为古时候的词都是用来唱的，所以我们可以把柳永理解成一位擅长写抒情歌曲的音乐人。

像柳永这样的身份，即便放现在也是非常受欢迎的，更何况在古代。那时候没有太多娱乐项目，文人们最大的乐趣之一就是听听这些小曲，品品这歌唱得如何，说说这词写得怎样，不然都不好意思到外面说自己是文人骚客。

柳永无形当中成为文坛，乃至乐坛的希望之星。就这样，他成名了。

但是，这个结果实际上是和柳永的初衷严重不符的，柳永的梦想是通过科举考试走上仕途。当然，这个梦想的形成和他的家庭环境是密不可分的。

话说，柳永的原名叫柳三变，在家里排行老七，所以家里人也叫他柳七。柳永出生在一个官宦世家，他爷爷柳崇，据说在州郡颇有威信，曾经当过沙县县丞。他的父亲柳宜也在朝为官。所以，这一家人的观念比较一致，想成为人生的赢家，就要当官。

而且一般来说，孩子都喜欢模仿家长，家长干什么，孩子就爱干什么。比如，家长爱上网，孩子就爱上网；家长爱学习，孩子就爱学习；家长爱看楚河的书，孩子就爱看楚河的书。所以家长对孩子的影响是至关重要的。

柳永努力学习了几年之后，感觉准备得差不多了，于是信心满满，心想："我这么努力，一定可以考取功名。"

他整理行囊，上京赴考，从老家出发，一路来到了杭州，然后被都市繁华绊住了脚。就这样，在柳永的生活当中，填词成了主旋律。

虽然在二十多年后，宋仁宗在亲政时特地开了恩科，柳永终于考中了进士，后来也在地方上做过一任小官。但是，这离柳永对自己的要求还差很远很远。

精彩的开场没有换来完美的结局。柳永晚年的生活过得十分困难，他去世后甚至连安葬费都没有，最后是歌伎们凑钱安葬了他。后人为他写了这样一首诗。

乐游原上妓如云，尽上风流柳七坟。
可笑纷纷缙绅辈，怜才不及众红裙。

可能有人会觉得柳永真是太倒霉了，这么一个大才子就是怎么也考不中进士，一定有什么阴谋诡计、暗箱操作。失去这么一个有才华的人才，受损的是朝廷。可我觉得，真实的情况未必如此，谁说只要宋词写得好，就一定能治理好国家呢？

“术业有专攻”，每个人都有自己擅长的领域，而有一些人的确成了某个领域的佼佼者。如，我们就不得不承认柳永在写词上的才华。倘若柳永真的全心投身于政治中，也许我们就会失去一位出色的词人。

当时柳永填的词，人气已经是相当高了，他的每一阕词似乎都决定着当时“流行歌曲”的“排行榜”，几乎所有人都是他的粉丝。

这件事就记录在宋朝叶梦得写的《避暑录话》里。“柳永为举子时，多游狭邪，善为歌辞。教坊乐工每得新腔，必求永为辞，始行于世，于是声传一时。……尝见一西夏归朝官云：‘凡有井水处，即能歌柳词。’”

叶梦得这段话的意思是说，柳永当举子时，经常到秦楼楚馆去，并且这个人很擅长写歌词，所以就连教坊的乐师们得到了新的曲调时，都会要求柳永为他们填词。这个教坊是什么地方啊？那可是宫廷里专门管歌舞表演的。

无论是什么样的曲调，只要是柳永填词，立马就会掀起一股流行风潮。曾经有一位从宋朝回西夏的官员感叹道：“凡是有井水的地方，就有唱柳永词的人。”

这句话怎么讲呢？在古代，人们大都依水而居，没水不行。但那时候没有自来水，所以人们就凿井取水。这句话的意思可以理解为，只要是有人的地方，人们都会唱柳永的词，柳永的影响力可想而知。

人气如此之高，影响力如此之大，这事儿放谁身上，可能都会有点儿飘飘然。柳永也是一样，在杭州盘桓了一阵子，他又跑到苏州玩去了。这是想寄情于山水吗？也不全是，山水虽然还是要看看的，但其实他游玩的主要目的是想到各处的秦楼楚馆去。

这期间，他又写了很多词，名声越来越大，大家都把他捧到天上去了，俨然就是一个人气偶像。

柳永也经常拿自己跟古代四大美男之一宋玉相比，心想："我长得这么帅，这么有才华，人气还这么高，到时候参加科举考试，成绩比第二名高太多可怎么办？"

想到这儿，柳永的表情一下子僵住了，这才想起来他这次出行的主要目的："呀，对呀！我要去参加科举考试的！"

柳永是1002年出发的，但他真正到达北宋京城汴京（今河南省开封市）的时候，已经是六年后了。要知道，柳永从家乡崇安（今福建省武夷山）出发，到京城不算近，有一千四百多公里，但是一天走一公里，也走不了六年啊。

不过他总算到了京城。到达目的地之后，柳永被深深震撼住了，京城作为一个国家的政治经济中心，实在是太繁华了：元宵节，皇帝与民同乐；清明节，郊外踏青；端午节，龙舟竞渡；还有都城的纸迷金醉。见证这一切之后，柳永不禁感叹："你们城里人，真会玩。"他的词情也日益高涨，名气也是一样。

眼瞅着考试一天天临近，百姓都觉得第一名肯定是柳永的了，包括柳永本人。要知道命运之神可是很调皮的，有的时候他特别喜欢在你最得意的时候，绊你一个跟头。

果不其然，就在柳永觉得状元已是囊中之物的时候，当时的皇帝宋真宗把他给一票否决了，柳永就这样初试落第。什么?！大才子柳永非但没考上第一名，连最后一名都不是！柳永敏感的心灵被深深刺痛了。

这落第的感觉就像脸摔在了地上，柳永愤怒了，大笔一挥写下了《鹤冲天·黄金榜上》。

黄金榜上，偶失龙头望。明代暂遗贤，如何向？未遂风云便，争不恣狂荡？何须论得丧。才子词人，自是白衣卿相。

烟花巷陌，依约丹青屏障。幸有意中人，堪寻访。且恁偎红倚翠，风流事、平生畅。青春都一饷。忍把浮名，换了浅斟低唱！

整阕词的意思是，金榜落第，没有机会受到重用，自己不知道该去往何方。虽然没有得到朝廷的赏识，自己做一个词人，未必不如在朝为官。流连在歌姬居住的街巷，还可以找我的意中人把酒言欢。青春短暂，我把功名利禄换成了一杯杯的美酒和一段段低唱。

可柳永万万想不到，自己一时兴起写的这阕词，竟然会直接决定了自己的职业走向。

话说那大概是他的第四次科举，这次的开头还是比较顺利的，过五关斩六将，就差皇帝的殿试了。当时宋朝的皇帝已经换成了宋仁宗，据说，他平时就特别喜欢听柳词。柳永心想："这回考试估计是十拿九稳了。皇帝居然是自己的粉丝，那还不会得高分？"

可谁知天有不测风云，宋仁宗这时候来了一招粉丝转路人，因为他特别讨厌那阕词里的最后一句"忍把浮名，换了浅斟低唱"。宋仁宗心想，功名在你心里既然这么不重要，那你就别要了，又把柳永一票否决了，评语是"且去填词"。

金口玉言，宋仁宗这一句话，让柳永又落榜了，自恃才高的柳永不甘心地成了一名职业填词人。而且从此以后，柳永便自称“奉旨填词柳三变”。

人生是何等讽刺，一个一心想做官的人，却被告知仕途今生与你无缘，他的心情不可能不郁闷。带着淡淡的哀愁、淡淡的忧郁，柳永继续徘徊在秦楼楚馆，过着纸醉金迷的生活。可不知为什么，他的名气反而更大了，特别是当时的歌伎们，对他简直是痴心绝对。

在歌伎中间流传着一句话：“不愿君王召，愿得柳七叫；不愿千黄金，愿得柳七心；不愿神仙见，愿识柳七面。”

白衣卿相到底是柳永对反复落第的自嘲，还是他对为官愿望落空的怅惘？只有他自己更清楚了。

15 苏轼

一身才华，一生坎坷

在我们的印象里，聪明人就应该做聪明事，不能做傻事。有时候，我们简单地把区分聪明事和傻事的标准定为是否利己。对自己有利的事，就是聪明事；对自己没利的事，都是傻事。

然而有些人却不这么看，他们并不会以利己作为行为准则，而是带着自己的信念生活。

本篇的主人公就是这样一个人，而且他还是一位红了上千年的“人气偶像”。从古至今，不知道有多少人被他征服。因为这个人不仅在诗词上有很深的造诣，在炖肉上也有很深的造诣，有一道名菜就是以他的名字命名的。

没错，他就是唐宋八大家之一的苏轼，也叫苏东坡。虽说是唐宋八大家，真正生活在唐代的人实际上只有韩愈、柳宗元两位，剩下的六位都是北宋时期的。而这里面，苏轼家就占了三个名额——苏洵、苏轼、苏辙。

苏家是典型的书香门第。不过实际上，苏轼他爸爸苏洵年轻时的爱好并不是看书学习，而是四处游历，就跟李白、杜甫他们一样。直到二十七岁，他才开始发奋读书。虽然人家起步晚，但是非常用功，后来苏洵也渐渐有了些名气。

在父亲的影响下，苏轼的成长也很快，估计苏洵没少嘱咐他："孩子，你要先学习，后游历，不然诗词写不出几句，没文化，心里憋啊。"

所以，苏轼从小底子打得就很扎实，刚刚二十岁就精通经传历史，每天写几千字的文章。后来，苏洵感觉自己的儿子也该出去见见世面了，就带着苏轼和苏辙来到了京城。父子三人一到京城，先去拜访了翰林学士欧阳修。欧阳修在当时的政坛和文坛都是很有影响力的人物。

苏家父子一来，欧阳修首先表示了对苏洵的高度认可，他觉得苏洵是个很有才华的人，在政坛和文坛发展都可以。于是，苏洵一下就火了。不过，苏轼他们哥俩也没闲着，一起去参加了科举考试。

话说，这年的科举考试里面有一道策论：刑赏忠厚论。所谓策论，就是根据主题，写一篇议论国家当前问题，并向国家献策的议论文。

当时的主考官是欧阳修。欧阳修看到一篇文章，当时就激动了，心说："这篇文章必须是第一名！天底下竟然还有能把文章写得这么好的人！"当时卷子都是密封的，考生的姓名都是被糊住的，欧阳修脑海里不停地高速运转，他思考写文章的人到底是谁。

想着想着欧阳修笑了："这种水平的文章还能是谁写的啊？肯定是我的门生曾巩啊。"欧阳修很开心，觉得自己已经这么厉害了，门生居然也这么牛，想想都很自豪。

想到这里，欧阳修点点头，心想："我得避嫌，不能让人觉得我有所偏袒。"于是，欧阳修把自以为曾巩写的文章排到了第二名。就这样，苏轼被强行放到了第二名。不过，这倒也没妨碍苏轼的成名之路。

史书记载，苏轼还去拜会了欧阳修，经过一番交谈之后，欧阳修对苏轼更是赞不绝口。他还对梅尧臣说了一句立场鲜明的话，这句话就记录在《宋史》当中："吾当避此人出一头地。”这句话的意思可以理解为，欧阳修想助苏轼出人头地。整句话中，这个“避”字用得尤其好，既能体现苏轼的才华出众，又还能表现出欧阳修的那种惜才之心。

欧阳修在当时的地位很高，他这个等级的人，能给一个毛头小子这么高的评价，这让很多人都在心中产生怀疑，欧阳修到底收了苏轼多少钱？要么就是他老糊涂了。所以一开始根本没人信。但时间一长，加上欧阳修的一再称赞，大家终于看到了苏轼的才华，一时间苏轼声名大噪。据说，他每有新作推出，就会迅速传遍京师。

但是，有才华并不是仕途顺利的保证，苏轼就是一个典型案例。虽然他有一身才华，却总是能做到很巧妙地得罪朝廷的掌权派。

年纪轻轻的苏轼成名了，成名之后的他，接下来的任务本该是在官场中大展拳脚。可就在这时，母亲病故的消息突然传来，于是苏轼、苏辙两兄弟只能跟着父亲苏洵回家奔丧、守孝。等守孝回来之后，朝廷就给他安排了制科考试。

制科考试是宋朝的一种特殊的考试制度，考试时间不定期，考试流程还特烦琐，一般参加考试的人员都是由朝中的大臣推荐上来的，先参加一次预试。最后，由皇帝亲自出考题。

据说，这个考试的通过率低到令人绝望的地步。在宋朝三百多年的历史中，科举考试共选了四万多个进士，而成功通过制科考试的只有四十一人。苏轼一来，就考进了第三等。第三等是个什么概念？这可不是苏轼发挥失常，而是因为制科考试总共分七等，第三等是最高的，前面第一等和第二等都为虚设。所有参加这项考试的人，能拿到第三等的就只有苏轼一人。

这么有本事的一个人，皇帝没有理由不重视，那真是各种培养、扶持，朝着宰相的方向栽培。可没过几年，苏轼的父亲又病故了，他回去守孝，等他三年之后再次还朝的时候，局势已经变了……

当时已经是宋神宗统治时期，此时，著名的王安石变法已经开始了。所谓变法，就是改变原来治理国家的方法。非常明显，变法会侵害到一些人的切身利益。于是，人们很自觉地以利益为线，支持的一方和反对的一方各占一边，互相角力。

苏轼回来的时候，以王安石为首的变法派正掌握着主导力量。苏轼的许多师友，包括当初赏识他的恩师欧阳修在内，因反对新法，且与新任宰相王安石政见不合，纷纷被迫离京。

应该说，王安石变法还是有很多可取之处的，在富国强兵这方面，有一种超越时代的前瞻性。只可惜，王安石的变法条目中，有些举措不太适合宋朝当时的环境，势必会遭到抵制。

由此，王安石变法牵扯出了很多问题，而且已经开始侵害到老百姓的切身利益。宋朝国虽富，但民不强。短暂的彩虹使变法者坚信，只要再坚持一下，变法就能成功。苏轼看出了这其中的问题，或者确切地说，至少苏轼是敢于明说的那个人。

1071 年，苏轼毅然上书陈述新法的弊病。毫无疑问，王安石一怒之下，命人在宋神宗面前告了苏轼的状。就这样，苏轼也只好请求离京任职，离开这是非之地。

苏轼在接下来的时光里，不断在各地辗转任职，期间他去过杭州，去过密州，去过徐州，也去过湖州……苏轼唯一能保证的，就是无论被派到哪里，都会努力让当地的老百姓把日子过得好一点儿。

时光就这样流逝，本以为变法派这辈子应该不会再让苏轼靠近京城了，可没想到，1079 年，在苏轼四十三岁时，他又回到了京城，只不过这次是被捆回去的。

当时苏轼刚刚调任湖州知州，上任之后，他就给皇帝上了《湖州谢上表》。按理说，这本是例行公事，写得差不多就行了。可苏轼是诗人，情不自禁就会写得很好，估计苏轼也很自责："哎呀，这可如何是好，随随便便写篇文章都写这么好……"

总之，苏轼的文章里夹带了不少个人色彩，但实际上文章里面只有些自我心情、境遇的抒发、感悟而已。本来没什么，可是变法派的人觉得这个不可以。

脑洞剧场

变法派甲："这篇文章写得太好了，好到伤害了我的自尊。"

变法派乙："我已经忍苏轼很久了，到现在我居然都没有找到合适的理由陷害他。"

变法派甲："看来，那就只有创造一个理由陷害他了。"

于是，他们就开始编理由，从苏轼的自责推断出他对朝廷心怀不满，从他对朝廷不满推断出他的业余爱好是讽刺政府，从他讽刺政府推断出他包藏祸心，从他包藏祸心推断出他对朝廷不忠……紧接着他们还在苏轼原来的诗作当中找出很多隐含讥讽的句子，力证苏轼的不臣之心。

变法派很满意，心说："按照这个思路发展下去，苏轼一大家子的人都不够杀的。"

这就得说到北宋著名的乌台诗案，所谓乌台，说的就是御史台，传说因为他们那儿种了一些柏树，常年栖息着乌鸦，因此得名乌台。这个地方不知道冤枉过多少人，所以乌鸦在那儿定居很正常，看见有人往里走，乌鸦就喊："啊！啊！啊！"

苏轼就是被冤枉的其中一个，据说受牵连的人达到数十人。变法派非要置苏轼于死地。

不过，救援活动也同时在朝野中展开。不光是与苏轼政见相同的许多元老纷纷上书，连一些变法派中的有识之士也劝谏宋神宗不要杀苏轼。但最后好像还是退居金陵的王安石上书起到了作用，里面有一句至关重要的话保住了苏轼的性命。王安石的上书里说了什么呢？他说："安有圣世而杀才士乎？"

意思已经非常明显。有哪个盛世会杀贤能的人呢？王安石的一句话，再加上宋太祖时期就定下的“不杀士大夫及上书言事人”的国策，苏轼逃过一劫。不过他还是被降职到黄州，也就是今天的湖北省黄冈市，担任团练副使。

苏轼心灰意冷，在朝廷的鼓励下，他几乎成了一个全职诗人，“东坡居士”的别号就是那时候取的。

都说十年河东，十年河西，世间的风云变化有时就只在一瞬之间。过了几年，宋神宗驾崩，宋哲宗即位，宋神宗的母亲高太后以宋哲宗年幼为名，临朝听政，司马光重新被起用为相，于是以王安石为首的变法派开始被打压了。

大部分新法被废除，所有原来说过变法派不好的人重新被重用。苏轼也被重用，召还回朝，官职升得跟火箭升空一样快，否极泰来。司马光很开心，变法派终于被遏制，一切按旧制来，这下没人有意见了吧。后来，苏轼说，他有意见。

在旧党执政以后，苏轼马上看到了暴露出的种种腐败现象。于是他抨击、反抗、跟皇帝告状，很快就把旧党也得罪了一遍。紧接着是保守派对他的打压、陷害……就这样，苏轼成了变法派和保守派两边都不讨好的人。

为什么苏轼能活到这个地步呢？因为他心里装着的不是利益、派别，而是百姓疾苦。

后面的遭遇就是他非常熟悉的贬职和流放了。后来，宋哲宗亲政，变法派再次执政，又把他流放儋州，这个地方在现在的海南省境内，但当时这个地方实在太过荒凉了。苏轼没有低头，他把儋州当成了自己的第二故乡，继续造福那里的百姓。直到现在，当地还有很多关于他的传说。

虽然苏轼的仕途并不算顺利，但是人们记住了他。为什么苏轼无论过得多么艰苦，依然能够坚持呢？因为他有属于自己的信念！即便为了坚守信念要付出代价，他也愿意。

什么是聪明事？什么是傻事？这仍然是有争议的问题。但有些时候，为了做正确的事，应该舍弃利己思维，因为有些事情，总要有人去做。

16 岳飞

将军的缺点在哪里

这个世界没有完美的个体，也没有完全一样的两个个体。但凡是人，都会有一些缺点。可是在古代，有一个武将，他的缺点可不好找，此人名叫岳飞。

许多人都知道，他是一位忠义的武将，一个绝对的孝子。然而岳飞的故事可没有那么简单，他非常“特别”。

传说岳飞的名字就取得“特别”随便。这件事就记录在《宋史》里面：“飞生时，有大禽若鹄，飞鸣室上，因以为名。”意思是说，在岳飞出生的时候，有一只天鹅般的大鸟在屋顶上飞过并鸣叫，所以他的父母便为他取名岳飞。

不过，岳飞这个名字起得还算成功，这貌似预示着他有一天也许真的能飞起来。只不过家人当时并不清楚岳飞在未来是否能飞，他们只知道，岳飞小时候差点儿死掉了。

史书记载，在岳飞还没满月的时候，黄河有个地方决堤了，洪水突然滚滚而至。当时岳飞的母亲姚氏急中生智，抱着岳飞坐进了一口大缸里，最后被河水冲到岸边才得以活命。乡亲们知道这件事之后，都觉得很神奇。

拥有一个让人充满安全感的母亲，岳飞是幸福的。但岳飞的幸福还不仅限于此，除了优秀的母亲，他还有一位近乎完美的父亲。岳飞的父亲名叫岳和，此人堪称绝世暖男。他常常节省粮食来周济穷人，看到别人侵占他家的土地，便直接把地让给人家，邻居向他借钱，他也从来不强迫人家还债。

话说，拥有一个性格如此善良的父亲，岳飞想变坏那才真是难上加难，所以后来岳飞的成长还是比较顺利的。

据说，岳飞从小就很有气节，并且他天生神力，不到二十岁，就能拉开三百斤的大弓和八石重的硬弩。他还向名师周同请教射箭，学到最后，他甚至可以左右开弓。

岳飞平时话不是很多，但他心里清楚，他不仅要练武艺，也要学文化，所以他还特别爱看书。岳飞平时特别喜欢读《左传》，还有孙膑和吴起的兵法。对于天资聪颖的岳飞来说，这样学下去，只有一种结果，那就是文武双全。

由于他太热爱学习，使得后来上班的他，对很多事物的看法都太独到、太精辟。他和宋高宗对宝马良驹的一番探讨，对人的自我修炼就十分有帮助。

宋高宗问岳飞什么样的马才算是好马。岳飞回答得一清二楚，岳飞说："我本来有两匹良马，它们每天要吃洁净的草料、小豆数斗，要喝清澈的泉水一斛。若不是干净的好食料，它们宁可挨饿也不接受。装上马鞍，骑着它们跑，一开始并不是很快，等到跑了上百里，它们才会奔驰奋进，从中午跑到黄昏，还可以再跑两百里。

"这个时候卸下马鞍，它们既不喘气，也不出汗，还展现出一副若无其事的样子。这是因为它们度量大却不贪随便之食，精力充沛却不逞一时之勇。这就是跑远路的好马！可不幸的是，它们在历次战役中已相继战死。

“目前我所骑的马就差多了，它每天只吃数升粮食，对食料从不挑剔，对饮用的水也不选择。拉住缰绳还未坐稳，它就跳跃起来迅速奔跑，刚跑了百里，就力气用尽，流汗喘息，像要死了一样。”

这是因为它度量小，所以摄取的食物虽少却容易饱，喜爱逞强却外强中干。说到底，它只是平庸的马而已！”

岳飞的意思表达得很明白了。知道了什么样的马是好马，自然也会明白什么样的人是人才。岳飞毫无疑问就是那个万里挑一的人才，他这匹马不但能跑，还能飞，因为他就是岳飞。

不得不承认，岳飞的确是一个看上去很完美的人，但是再完美的人也会有一些问题，而岳飞的问题就出在他的从军生涯当中。下面就让我们来盘点一下岳飞的军旅生活。

岳飞从军，离不开他父亲岳和的鼓励。在他还小的时候，父亲就经常对他说：“如果有一天你能为国效力，就应当为国家和正义献身。”

岳飞从军并不算早，他二十岁才正式入伍。当时是河北宣抚司官员刘韐在河北正定招“敢战士”，我觉得这个敢战士应该有点儿敢死队的意思。岳飞艺高人胆大，就去应聘了。到了那，刘韐一见到岳飞，就觉得他与众不同，于是任命岳飞为敢战士里的一名小队长。

成为小队长之后的岳飞，表现极为突出，虽然年纪不大，但却善用计谋。

可就在一切看起来很顺利的时候，岳飞的父亲岳和去世了，岳飞只能辞别刘韐，回老家为父亲守孝。

转眼间过了两年，河北很多地方忽然发生水灾，岳飞家里本来就不富裕，这下生活变得举步维艰。为了生计，岳飞再次投军，没想到投军第二年，金灭掉辽之后，开始大举进攻宋。

当时宋朝的国土被金兵糟蹋得满目疮痍，士兵们也大多溃散，1126 年，岳飞好不容易才突围出来，回到家乡。可是这一路下来，岳飞目睹了太多人被金人虐待的惨状，有的人被金人杀掉了，有的人直接成了金人的奴隶。

岳飞看在眼里，心中气愤非常，他知道，只有投军抗金，才能平复他心中的怒火。可是每当看到自己那年迈的老母和无助的妻儿，岳飞又开始犹豫，在那个兵荒马乱的年代，妻儿老母的生存绝对是个问题。

就在这个时候，岳飞的老母亲姚氏站了出来，她不断鼓励岳飞从军，保家卫国。后面这段故事大家就很熟

喵

悉了，那就是岳母刺字。

岳母刺字只是后人的演绎。传说岳飞的母亲最后在岳飞后背文的字是“尽忠报国”。

最终，岳飞第三次投军了。这一次岳飞的表现更加出色，几场战斗虽然规模不是很大，可打得也算漂漂亮亮。

第二年，北宋的两个皇帝被金军掳走，剩下的康王赵构在应天府称帝，不过好在社稷算是保住了，一切都还有希望。只可惜，岳飞在这个节骨眼上犯了一个错误。

当时，赵构正准备避战南迁，于是二十五岁的岳飞给皇帝写了一封信，劝皇帝万万不可以南迁，最后更提出了一条皇帝绝对不会同意的建议。这一段就记录在《宋史》里面：“臣愿陛下乘敌穴未固，亲率六军北渡，则将士作气，中原可复。”这句话的意思是，臣希望陛下可以御驾亲征，这样中原也许还可以收复。

赵构拿到这封信的时候，心里一定是拒绝的：“朕好不容易跑出来，你居然让我御驾亲征？这回要是亲征了，那朕还回得来吗？”

但是皇帝再生气也不能在岳飞面前表现出来，于是皇帝只是轻轻地把他逐出了军营。岳飞都没回过神来，怎么写了一份“计划书”，就被开除了呢？

没关系，岳飞没有气馁，没过几个月，岳飞就直接跑到了抗金前线，并且找到了当时名气很大的抗金名将张所。这已经是岳飞第四次从军了。不过好在张所很欣赏岳飞的才干，破格提拔了他，并且把他安排到另一位抗金名将王彦的手下。

按理说，这回岳飞应该满意了吧，然而他并没有。王彦是一位名将，岳飞是未来的名将，两位名将一起共事似乎不太容易。于是岳飞作了一个大胆的决定，私自带领自己的部队投奔了实际上的抗金核心人物——宗泽，可宗泽在岳飞投靠他的第二年就去世了。

不过，好在后面的路对于岳飞来说越来越好走了。他不但在军中逐渐崭露头角，使岳家军的名号更响，而且取得了皇帝的信任。

在这期间，临近北伐之际，岳飞又差一点儿不想去了。话说这次对于岳飞的打击实在是太大，因为当初鼓励自己的从军的母亲病逝了，岳飞悲痛欲绝，眼疾复发。他自行解职，奏报朝廷，希望能够允许他守孝三年。最后是在朝廷的再三劝说下，岳飞才赶回军中，正式北伐。

史书中，岳飞抗金只能用势如破竹来形容。接下来的剧情是君臣和睦，其乐融融，岳飞干干脆脆地为南宋收复了失地，宋高宗高高兴兴地委以重任。

因为跟同僚不和，他写了一封辞职信，不等上级批示就走了。后来朝廷派人劝了他好几天，岳飞才回去。

任性辞职真不算什么，岳飞还犯过一个致命的错误。

宋朝的江山是赵匡胤打下来的，当时赵匡胤只是一个武将而已，但他手握重兵，最后得到了江山。这就造成宋朝的当权者们自始至终都在害怕自己有一天也会被手下的武将取代。放眼宋朝的历史，你能体会到鲜明的重文轻武思想，这一切都是为了抑制武将的力量。

岳飞到后期已经掌握了南宋大部分的兵力，这对于南宋政府来说，确实是一着险棋。万一有一天岳飞不想当将军，想当皇帝了，那大家拿他一点儿办法都没有。

岳飞如果聪明些，这时候就该收敛锋芒，但偏偏岳飞是个直脾气，只要他觉得对国家有利的，那就要直言不讳。在这里得交代一下背景，宋高宗赵构没有孩子，不能生育，为了社稷，就收了赵匡胤这一支的后代作为养子。岳飞特别实诚，跟皇帝说："光收养子不行，干脆你就立那谁那谁当皇太子吧。"

皇帝问："那么多文武百官在那站着，你说让我立谁，我就立谁，那我这皇帝的面子还要不要啦？”

有学者认为，岳飞和宋高宗之间的矛盾就是从这一年开始逐渐加深的。

再到后来，南宋和金要议和，岳飞不干，要求辞职。宋高宗没批，十二道金牌强令岳飞班师回朝。岳飞再次辞职，又没批。到最后，岳飞连辞职的机会都失去了，被皇帝直接赐死。

有的时候，真是位置决定思维。岳飞是伟大的抗金英雄，这一点不容置疑，但如果我们试着从宋高宗的角度去审视岳飞，也许岳飞还是不免一死吧。